셰익스피어 읽기

강석주 · 이용관 공저

신아사

일러두기

1. 현재 국내 대부분 대학의 영어영문학과 교과과정에 개설되어 있는 셰익스피어 강의에서 작품 내용 전체를 다루려면 한 학기에 한 두 작품 이상을 공부하기 어렵다. 셰익스피어의 주옥같은 작품들을 가능한 많이 읽고 싶어도 시간적 한계로 인해 가장 대표적인 작품들조차 다 읽을 수 없는 것이다. 이러한 문제점을 극복하고 좀 더 효과적으로 많은 작품들의 플롯을 이해하고 주요 장면과 대사를 맛볼 수 있도록 하는 것이 본 교재를 만든 목적이다.

2. 본 교재의 제 1부에 해당하는 "셰익스피어 이해하기"에서 설명하고 있는 "셰익스피어와 그의 시대", 그리고 "셰익스피어 극의 장르별 특징"은 강석주의 『셰익스피어의 문학세계』(개정판: 『셰익스피어 문학의 현대적 의미』)에 수록된 내용의 일부를 학생들의 이해를 돕기 위해서 그대로 빌려왔음을 밝히는 바이다.

3. 본 교재에 수록하고 있는 작품들의 경우, 주요 대사들에 대한 각주와 토론을 위한 질문을 덧붙였지만 전적으로 저자들의 취향에 따른 것임을 밝히는 바이다.

제1부

셰익스피어 이해하기

I. 셰익스피어와 그의 시대

1. 셰익스피어의 생애

윌리엄 셰익스피어의 생애에 대해 언급할 때 가장 먼저 지적되어야 할 점은 그가 누렸던 명성에 비해, 그에 대한 확실한 기록이 너무나 부족하다는 것이다. 우리가 셰익스피어에 대해서 분명하게 확인할 수 있는 사실은 그가 1564년 4월 26일 워윅셔(Warwickshire)의 스트래트포드(Stratford-upon-Avon)에 있는 성 삼위일체(Holy Trinity)교회에서 세례를 받았고, 그곳에서 결혼하여 3명의 자녀를 가졌으며, 런던으로 가서 배우생활을 시작하여 시와 희곡들을 썼으며, 스트래트포드로 돌아와 유언장을 남기고 죽었다는 것뿐이다. 셰익스피어가 태어난 날은 정확히 알려져 있지 않지만 세례를 받은 날로부터 추정하여 3일 전인 4월 23일로, 공교롭게도 그의 무덤에 적혀진 그가 사망한 날짜(1616, 4, 23)와 일치하는데, 그 4월 23일은 영국의 성인 조지의 날이다. 비평가들은 영국의 민족시인으로 추앙받는 셰익스피어의 탄생일에 대한 추정이 그날과 무관하지 않음을 지적하고 있다.

이렇듯 셰익스피어의 생애에 대한 사실이 얼마나 빈약하고 간접적인 것인가는 그와 동시대 작가들인 크리스토퍼 말로우(Christopher Marlowe)나 벤 존슨(Ben Jonson), 그리고 존 던(John Donne) 등의 생애 기록과 비교해 볼 때 더욱 두드러진다. 말로우나 존슨, 던에 관해서 우리는 그들의 사생활에 대해서까지 상당히 상세한 기록을 알 수 있다. 특히 존 던의 사위이자 유명한 배우였던 에드워드 앨린(Edward Alleyn)에 대한 기록과 그가 남긴 엘리자베스시대 극장에 대한 기록에서, 오히려 우리는 셰익스피어의 활동에 대한 많은 것을 추측할 수 있다. 따라서 셰익스피어의 생애에 대한 많은 부분이 정확한 사실에 근거한 것이 아니라 추측과 설화에 따르는 것이다.

셰익스피어가 현재 누리고 있는 영국 최고 작가의 명성은 많은 학자들에 의해 18세기 후반쯤에 이루어진 것으로 추정되고 있다. 그리고 그때 이후로 셰익스피어의 생애나 그의 작품들에 대한 객관적인 평가는 사실 어렵게 되었다고 볼 수 있다. 그 이유는 그 이후에 대부분의 비평이 이 천재적인 작가를 찬미하고 칭송하는 쪽으로 쓰여졌기 때문이다. 사실 셰익스피어에 관한 추측과 설화의 대부분은 그가 죽고 난 후 기념비적인 존재가 되기까지 쓰여졌기 때문에, 그 기록들은 시기적으로 전적으로 믿기에도 또 무시해 버리기에도 상당히 어려움이 있다. 그리고 그 기록들은 대부분 셰익스피어의 청년기와 장년기에 관한 것들이고, 그가 태어나서 청년기에 이르는 동안에 대한 기록은 거의 전무하다. 단지 그가 세례를 받았고 결혼하여 세례를 받은 세 자녀를 가졌다는 사실만이 가장 분명한 기록으로 남아 있다.

셰익스피어의 어머니 메리 아든(Mary Arden)은 부유한 지주의 딸이었고, 아버지 존 셰익스피어(John Shakespeare)는 장갑 제조업자였으며 지역 정치에 상당히 관여한 인물이었다. 그는 원래 농부였지만, 가죽 제조 기술을 배워 장갑 제조업자가 되었으며 이것이 성공하여 아든 가문의 관심을 끌게 되었던 것으로 보인다. 아든 가문이 젠트리 계층이었기 때문에 존 셰익스피어에게는 신분 상승의 계기가 된 셈이었다. 그는 1556년경에는 집을 두 채나 사고 지역 정치에도 관여하는 등 번창했던 것으로 여겨진다. 하지만 1576년경에 그는 갑자기 몰락하여 빚을 지기 시작했으며, 사업도 점점 어려워졌다. 이러한 상황이 윌리엄 셰익스피어에게 어떤 영향을 미쳤는지는 전혀 알 수 없다. 스트래트포드에서 보낸 그의 삶에 대해서는 알려진 것이 거의 없기 때문이다.

셰익스피어의 결혼과 가정에 대한 사실 또한 모호하다. 우리는 정확한 결혼식 날짜는 알지 못하지만 1582년 말 그가 18세 되던 해 26살의 앤 해서웨이(Anne Hathaway)와 결혼하였고, 첫째 아이 수잔나(Susanna)가 1583년 5월 26일 세례를 받은 기록이 있다. 수잔나가 생긴지 2년이 채 안되어 쌍둥이인 햄닛(Hamnet)과 주디스(Judith)가 1585년 2월 2일 역시 세례를 받았다. 교회에 셰익스피어의 결혼식 날짜가 남아 있지 않은 것에 대해서는 교회에서의 의식 전에 결혼을 했을 가능성에서부터, 노처녀였던 앤이 젊은 셰익스피어를 유혹하였을 가능성까지 설명이 구구하다. 그리고 기억해야 할 것은 앤이 셰익스피어의 주 활동무대였던 런던에서 남편과 함께 있었던 적이 결코 없었다는 점이다. 셰익스피어가 어떤 연유로 런던에 가게 되었는지는 확실치 않다. 다만, 그가 그 지역 행정관인 토마스 루시 경(Sir Thomas Lucy)의 사슴을 밀렵하다 붙잡힌 후에는 스트래트포드를 떠날 수밖에 없었다는 설과, 런던 극장과의 최초의 인연이 부유한 관객들의 말잡이에서부터 시작되었다는 설은 근거 없는 이야기이다. 그 이유는 루시 경은 당시에 사슴농장을 갖고 있지 않았으며, 셰익스피어의 가장 초기 전기 작가인 니콜라스 로우(Nicholas Rowe)와 알렉산더 포우프(Alexander Pope)는 이에 대한 언급을 전혀 하고 있지 않기 때문이다.

하지만 셰익스피어가 가톨릭교도로 성장했다는 설은 어느 정도 가능성이 있다. 셰익스피어가 태어났을 때 영국의 종교개혁은 헨리 8세가 로마 가톨릭과 단절하고 신교를 국교로 삼은 지 35년째 되는 시기였고, 메리여왕의 5년 통치기간 동안 다시 가톨릭이 국교로 환원되는 혼란의 시기였다. 그리고 엘리자베스 여왕의 통치기간동안에는 다시 신교가 국교로 바뀌었고, 당시에는 이유 없이 주일날 교회에 빠지는 것은 처벌을 받았다. 그런데 교회참석을 강요하는 이러한 엄격한 조치는 당시 정부가 안팎으로 스스로 위협을 느끼고 있었음을 반증하는 것이었다. 그리고 당시에 많은 사람들이 실행에 옮기지는 못했지만 마음속으로는 가톨릭교도로 남아 있었다. 당시 스트래트포드의 시의원이었던 셰익스피어의 아버지 존 셰익스피어(John Shakespeare)는 당시의 많은 사람들처럼 이중적인 종교생활을 했으며, 가톨릭 신앙을 확인하는 문서에 서명을 했던 것으로 알려져 있다. 그리고 그를 가톨릭 신앙과 연결시키는 또 다른 증거는 1580년대에 그가 교회출석을 매우 드물게 했다는 점을 들 수 있다. 하지만 그 사실은 그가 당시에 진 빚 때문에 체포당할까 봐 교회에 나가지 않았다는 설도 만만찮다. 이러한 아버지 밑에서 셰익스피어는 가톨릭교도로 태어났고 비밀리에 자신의 신앙을 고수했을 가능성은 있다. 하지만 셰익스피어의 일생동안 그를 가톨릭 신앙과 연결시킬 분명한 증거는 없다. 게다가 영국국교도에서 가톨릭으로, 가톨릭에서 신교로 개종을 했던 벤 존슨(Ben Jonson)과 존 던(John Donne)을 생각해 볼 때 셰익스피어의 신앙에 대해서도 확실한 언급을 하는 것은 어려운 일이 될 것이다.

사실 셰익스피어의 신앙문제는 그의 성품과 작품세계를 연구하는데 결정적인 요소가 될 수 있다. 하지만 그의 작품에서도 셰익스피어는 독자에게 어떤 확신을 줄 만한 것을 보여주지 않는다. 그의 작품들은 너무나 광범위하고 다양할 뿐만 아니라 복합적이고 이중적이어서 한 가지 측면은 반드시 또 다른 측면에 의해서 대립되기 때문에 우리에게 자신의 신앙이나 가치관 등을 분명하게 드러내지 않는다. 또한 셰익스피어는 끊임없이 시대를 초월하는 보편적인 측면과 자신의 당대 상황을 반영하는 시대적 요소를 자신의 작품에 동시에 다룸으로써, 자신의 의도를 숨기면서도 당시 사회의 모습을 분석, 비판하고 후세에게 깨달음을 주는 독특한 재능을 보여주었다.

여기에서 우리는 셰익스피어 당시의 극장 상황과 작품 출판 문제에 대해 생각해 보자. 1590년대 극장공연을 위해 쓰여진 희곡들은 어떤 문학적 가치가 있다고 여겨지지 않았다. 더구나 그 대본들은 작가들의 소유물이라기보다는 극단의 소유물로 여겨졌다. 그리고 일반적으로 극단은 자신들의 희곡작품이 인쇄되는 것에 관심이 없었다. 그 이유는 일단 어떤 작품이 인쇄되면, 그 작품은 새로움을 잃게 되고 경쟁극단에 의해서 사용될 수도 있었기 때문이었다. 따라서 극단이 심각한 재정난에 봉착했을 경우에나 그들은 연극대본을 인쇄업자에게 팔았던 것이다. 때로 파렴치한 인쇄업자들이 허가 없이, 아마도 배우들의 기억에 의해서 구성된, 판본을 내놓긴 했지만 그 수준은 대개 엉망이었다. 그러한 극들은 보통 4절판 형태로 인쇄되었는데, 상대적으로 싸고 작은 60-100 페이지 정도의 얇은 판본이었다. 이러한 배경에서 셰익스피어가 자신의 작품을 출판하지도 않고, 그의 극단이 셰익스피어 작품의 출판권을 허가하지도 않았다는 것은 당연한 일이다. 결국 1623년 셰익스피어가 죽은 지 9년이 지난 후, 그의 동료 배우였던 존 헤밍즈(John Heminge)와 헨리 콘델(Henry Condell)이 자신들의 극단의 사본에서 모은 36편의 극을 담은 최초의 2절판을 출판하였다.

셰익스피어가 배우이자 극작가로써 런던에서 활동한 청년기 이후의 기록을 살펴보면 다음과 같다. 셰익스피어는 1580년대에 스트래트포드에서 공연을 했던 유랑 극단중의 하나에 가입했을 것으로 추정된다. 그리고 1592년 경 그는 런던의 극장계에서 극작가로서 자리를 잡은 것으로 보인다. 하지만 그의 성공은 당대 대학 교육을 받은 "대학의 재사들"(University Wits) 가운데 한 사람이었던 극작가 로버트 그린(Robert Greene)으로부터 공격의 대상이 되었던 것으로 여겨진다. 그린은 자신의 글에서 셰익스피어를 "자신들과 같은 깃털로 아름답게 장식되어 있지만 연기자의 가죽 속에 숨겨진 호랑이의 심장을 가진 벼락출세한 까마귀(Upstart Crow)"라고 공격하고 있다. 그렇지만 그러한 공격은 그린 자신의 작품이 그다지 성공적이지 못했기 때문에 생겨난 시기심에 기인하는 것이었고, 그의 표현이 아무리 적대적이라 할지라도 결국 셰익스피어가 그들에게 성공적인 경쟁자였음을 반증하고 있는 셈이다.

1593년 그는 사우샘턴(Southampton) 백작인 헨리 리오테슬리(Henry Wriothesley)에게 바치는 시 「비너스와 아도니스」(Venus and Adonis)를 출판하였다. 그리고 다음 해에는 그에게 「루크리스의 능욕」(The Rape of Lucrece)을 바쳤다. 하지만 두 편의 시 이후로는 두 사람의 관계가 지속되지 못한다. 셰익스피어의 시 쓰기는 일시적인 것이었고, 1592년 여름부터 1594년 봄까지 런던에서 발생했던 역병 때문에 극장이 폐쇄된 기간 동안에 이루어진 것이었다. 역병이 물러간 후 곧 그가 속한 "챔벌레인 경 소속 극단"(Lord Chamberlain's men)은 1594년 크리스마스 축제기간동안 궁중에서 엘리자베스 여왕 앞에서 2편의 극을 공연했다. 이때에 셰익스피어는 유명한 희극배우였던 윌리엄 켐프(William Kempe)와 비극 배우였던 리처드 버비즈(Richard Burbage)와 함께 공연했다. 그리고 우리는 셰익스피어 역시 배우로서 활동했던 것을 기억해야 한다. 1598년 벤 존슨의 극작품 『각인각색』(*Every Man in His Humour*)에서, 그리고 1603년 역시 존슨의 『세자누스』(*Sejanus*)에서 셰익스피어는 배역을 맡았다. 확실치는 않지만 세익스피어는 주로 위엄 있는 역을 맡았으며, 『좋으실 대로』(*As You Like It*)에서는 충실한 하인 아담 역을, 그리고 『햄릿』(*Hamlet*)에서는 유령의 역을 맡았던 것으로 알려져 있다.

1598년에 챔벌레인 경 소속 극단은 자신들이 사용하던 극장을 헐고 그 자리에 "지구 극장"(Globe Theater)을 세웠는데, 그때 셰익스피어는 이익의 10%에 대한 소유권을 나누어 가졌다. 비록 해마다 몫의 가치는 유동적이었지만 셰익스피어의 소유권은 상당한 것이었다. 그리고 이때부터 셰익스피어는 극단 경영에도 참여하게 되어 작가, 배우, 그리고 극단 주주라는 세 가지 일을 하게 되었다.

1603년 챔벌레인 경 소속 극단은 제임스 왕의 즉위와 함께 "국왕 소속 극단"(King's men)이라는 새로운 극단 명을 갖게 되었으며, 셰익스피어의 이름은 단원들 중에 맨 위 쪽에 나타난다. 다음 해에 그는 대관식에 참석하기 위해서 새로운 의관을 허락받은 9명의 배우들 중의 첫 번째로 명단에 올라 있다. 벤 존슨에 의하면 엘리자베스 여왕이나 제임스 왕 모두 셰익스피어의 작품들을 좋아했다고 한다.

쇼앤범(Schoenbaum)의 연구를 인용하여 셰익스피어의 개인적인 삶에 대한 기록을 간단히 살펴보면 다음과 같다. 1597년 셰익스피어는 스트래트포드의 뉴 플레이스(New Place)에 있는 저택을 구입했다. 3층높이에 5개의 박공이 있는 그 집은 채플 가(Chapel Street)에 60피트에 달하는 터를 갖고 있었으며, 길이가 채플 레인(Chapel Lane)을 따라서 70피트나 되었다. 스트래트포드에서 두 번째로 큰 저택이었던 뉴 플레이스 저택은 그가 죽을 때까지 셰익스피어의 영원한 거주지가 되었다. 17세기에는 그 집의 정원이 포도덩굴로 유명했으며, 셰익스피어는 손수 뽕나무를 심었다. 셰익스피어의 가족은 1597년 그 집으로 이사한 것으로 여겨진다. 그 이유는 다음해 채플 가 구역에 대한 조사에서 셰익스피어는 10쿼터의 수수와 맥아를 소유한 것으로 기록되어 있기 때문이다. 또한 1599년 1월 셰익스피어는 스트래트포드 법인(Stratford Corporation)에 자신의 집을 수리하고 남은 돌무더기를 판 기록이 남아있다.

1602년 5월 1일 셰익스피어는 넓은 토지를 사들였는데 구 스트래트포드에 있는 107에이커의 경작지와 20에이커의 목초지였다. 이 땅의 구입을 위해 그는 윌리엄(William) 과 존 콤비(John Combe)에게 현금 320파운드를 지불했다. 그 달에 셰익스피어는 또다시 한 채의 오두막과 채플 레인의 남쪽에 자신의 정원을 향하고 있는 1/4에이커의 땅을 샀다. 1608년 셰익스피어는 브룩크(John Adden brooke)라는 사람을 스트래트포드의 법정에서 6파운드의 빚 때문에 고소한 기록이 있으며, 몇 년 전에도 그는 필립 로저스(Philip Rogers)라는 그의 이웃이 그로부터 20부셸의 맥아를 사고 2실링을 빌렸지만 전체 빚 가운데 6실링만 갚은 데 대해서 불만을 호소했었다. 하지만 그러한 소송은 당시에 아주 흔한 것이었다.

부동산에 대한 셰익스피어의 투자는 런던에까지 이어졌다. 1613년 11월 3일 그는 런던의 시민이자 시인이었던 헨리 워커(Henry Walker)라는 사람으로부터 블랙프라이어즈 저택(Blackfriars Gate-House)을 140파운드에 샀다. 하지만 다음날 그는 그 집을 워커에게 다시 60파운드에 저당 잡혔다. 셰익스피어는 블랙프라이어즈 극장 가까이에 있었던 그 집을 거주할 목적으로 산 것이 아니라 투자를 목적으로 산 것으로 여겨진다. 그 이유는 당시에 셰익스피어는 이미 스트래트포드로 은퇴해 있었으며 가끔 런던을 방문할 따름이었기 때문이다.

셰익스피어는 자신이 런던에서 가장 유명한 극작가가 되어 가고 있는 동안에도 스트래트포드와의 인연을 유지했으며, 후손에게 물려줄 재산을 저축했던 것으로 보인다. 그러는 동안에 그의 가족들에게도 변화가 있었다. "성 삼위일체"(Holy Trinity)교회의 기록에 따르면 1596년 8월 11일 셰익스피어의 쌍둥이 아이 중 햄닛이 죽었으며, 셰익스피어의 아버지 존 셰익스피어는 1601년 세상을 떠났다. 셰익스피어가 가장 귀여워했던 딸 수잔나는 1607년 6월 5일 스트래트포드의 내과의사였던 존 홀(John Hall)과 결혼했다. 존 홀은 그의 의료기술로 높은 명성을 얻었으며, 그들은 올드 타운(Old Town)에 있는 오늘날 "홀스 크래프트"(Halls Craft)라고 불리는 아름다운 집에서 살았고, 셰익스피어가 죽은 후 뉴 플레이스로 옮겨 살았다. 그들은 엘리자베스라는 아이를 하나 낳았으며 그 아이는 1608년 2월 21일 세례를 받았다. 셰익스피어의 막내딸 주디스는 1616년 셰익스피어가 죽기 직전, 토마스 퀴니(Thomas Quiney)라는 1598년에 셰익스피어에게 돈을 빌리려했던 리처드의 아들과 결혼했고 셰익스피어가 죽은 후 세 자녀를 낳았다.

1615년 혹은 1616년 1월경에 셰익스피어는 자신의 유언장을 작성했으며 주디스의 결혼 후에 변호사 프란시스 콜린스(Francis Collins)를 불러 다시 검토했나. 이때가 3월 25일이었고, 당시에 셰익스피어의 건강은 매우 악화되고 있었다. 유언장에서 셰익스피어는 스트래트포드의 가난한 자들을 위해 10파운드를 남겼고, 스트래트포드의 친구들과 자신의 극단에서 함께 일하던 동료들을 잊지 않고 자신을 기념하는 반지를 살 약간의 돈을 남겼으며, 그의 유일한 누이였던 조안 하트(Joan Hart)에게는 그녀의 여생을 헨리 가의(Henrey Street) 농가에서 살도록 허락하고 20파운드를 남겼다. 딸 주디스에게는 커다란 은그릇과 결혼 지참금 100파운드, 그리고 다른 명목으로 200파운드를 따로 남겼다. 그리고 셰익스피어가 가진 대부분의 부동산은 딸 수잔나에게 돌아갔다. 그녀가 죽은 후에 그 재산은 그녀의 생존하는 첫째 아들에게, 그 다음에는 그 아들의 아들에게, 그리고 만약 그렇지 못할 경우에는 주디스의 아들에게 물려주기로 유언되었다. 그러나 그의 기대는 이루어지지 못했다. 그 이유는 수잔나는 아들을 갖지 못했고, 주디스의 세 아들은 어려서 죽어서 셰익스피어의 네 손자들은 자식을 남기지 못했기 때문이다. 결국 셰익스피어의 재산은 다른 사람들에게 넘어갔다.

셰익스피어의 아내 앤에 대한 언급은 그의 유언장에서 나중에 다시 써넣은 형태로 발견된다. 그는 자신의 아내에게 자신의 두 번째로 좋은 침대를 물려주도록 쓰고 있는데, 이 구절은 셰익스피어의 가정의 행복에 관해 여러 가지 논쟁을 불러 일으켰다. 18세기에 에드먼드 말론(Edmond Malone)은 셰익스피어가 자신의 아내를 완전히 잊었다가 다시 생각해 냈을 정도로 그녀를 사랑하지 않았음을 지적하였다. 하지만 당시 관습에 따르면, 남편 재산의 1/3은 미망인에게 권리가 있음을 생각해 볼 때 셰익스피어가 이것을 굳이 유언장에 명시할 필요가 없었을 것이라는 쪽으로 이해되고 있다.

셰익스피어는 1616년 4월 23일 죽었으며 어떤 병에 의해서 죽었는지 정확히 알려져 있지 않다. 그는 스트래트포드의 성 삼위일체 교회의 성단소에 매장되었고 그의 부모를 포함하여 일반시민들은 교회마당에 안치되었다. 그의 묘비에는 다음과 같은 글귀가 새겨져 있다.

Good friend, for Jesus sake forbear
To dig the dust enclosed here!
Bless d be the man that spares these stones,
And curs d be he that moves my bones.

친구여, 제발 여기 덮여있는
흙을 파지 마시라!
이 돌들을 보존하는 자에게는 축복이
내 뼈를 움직이는 자에게는 저주가 있을 것이다.

우리는 이 글귀를 셰익스피어 자신이 작성했는지 아닌지 알지 못한다. 하지만 이 글귀로 말미암아 그의 유물은 발굴되지 않고 있다고 한다.

셰익스피어가 매장된 지 몇 년 지나지 않아 무덤 가까이에 있는 성단소의 북쪽 벽에 셰익스피어를 기념하는 기념물이 세워졌다. 이 기념물은 셰익스피어의 상반신을 조각한 동상으로 오른 손에 펜을 들고 창작을 하고 있는 모습을 나타낸 것이다. 1623년에 셰익스피어와 같은 극단에서 일했던 헤밍스와 콘델은 셰익스피어의 극작품들을 모아 출판함으로써 다시 한 번 그를 기렸다. 그들은 그 책을 셰익스피어 생전에 그에게 많은 호의를 베풀었던 펨브로크(Pembroke)백작과 몽고메리(Montgomery)백작에게 바쳤다. 셰익스피어가 창작할 때 단 한 줄도 지운 적이 없다는 헤밍스와 콘델의 주장은 믿을 수 없지만, 셰익스피어의 작품을 편집하는 자신들의 수고를 명성이나 이익을 위해서가 아니라 단지 셰익스피어와 같은 훌륭한 인물을 기억하여 하는 사랑의 수고로 표현한 그들의 말은 그럴 듯하다.

그린을 제외하고는 셰익스피어의 동시대인 중 누구도 그에 대해서 악담을 한 것 같지 않다. 대신 우리는 그가 "사랑스런 셰익스피어," "친절한 셰익스피어," 그리고 "사랑받는 이웃" 등의 이름으로 불려졌던 것을 알 수 있다. 배우였던 어거스틴 필립스(Augustine Philips)는 1605년 자신의 유언장에서 셰익스피어를 기억하여 그에게 금화 30실링을 남겼다. 그리고 벤 존슨은 좀처럼 칭찬을 하지 않는 사람이었지만, 당대의 「디스커버리」(Discoveries)지를 통해 자신이 셰익스피어를 사랑했다고 고백했으며, "그는(셰익스피어) 참으로 정직했으며, 자유롭고 솔직한 성품, 뛰어난 상상력과 용감한 사고, 그리고 부드러운 표현력을 소유한 사람이었다" 라고 묘사했다. 말로우가 칼에 찔려 숨지고 벤 존슨은 과격한 성미 때문에 교도소에 가기도 했던 것을 생각해 보면, 셰익스피어는 그의 작품의 특징에서도 나타나듯이 편견이 없는 매우 원만하고 부드러운 성품의 소유사이면서도 삶에 대한 깊은 통찰력을 지닌 사람이었던 것만은 분명해 보인다.

2. 셰익스피어의 시대

셰익스피어는 다른 고전 작가들과는 달리 아직도 현대의 어느 작가에 못지않게 많이 읽히고 있으며, 또한 연극이나 영화를 통해 계속해서 재현되고 있는 작가이다. 대학에서는 아직도 영문학 연구의 중요한 영역으로 다루어지고 청소년들에게는 유익한 고전으로 읽히는 외에도, 현대 감독과 관객들은 아직도 로미오와 줄리엣의 사랑 이야기에 감동을 받고, 가정의 불행과 복수를 다룬 『햄릿』(*Hamlet*), 사랑과 인종문제를 다룬 『오셀로』(*Othello*), 군사적 영웅의 이야기인 『헨리 5세』(*Henry V*), 폭군의 정치적 야심을 다룬 『리처드 3세』(*Richard III*), 유대인과 기독교인의 갈등과 대립을 다룬 『베니스의 상인』 (*The Merchant of Venice*)등과 같은 작품들에 많은 흥미를 느낀다. 특히 이처럼 대중적인 인기를 누리는 작품들은 연출가나 감독에 따라 원작의 극중 상황을 그대로 재현하기도 하지만, 현대적 상황을 적용하여 새로운 유형으로 각색되는 경우도 많다. 물론 현대적으로 재현된 셰익스피어 작품들 중에는 대중적인 성공을 거두지 못하는 작품들도 많지만, 주목할 만한 성공을 거둔 작품들도 상당수 있다. 심지어 최우수작품상을 비롯하여 아카데미상 7개 부문을 수상한 <셰익스피어 인 러브>(*Shakespeare in Love*)와 같은 상상력에 의존한 낭만적 이야기가 대성공을 거둘 수 있는 배경에는 대문호로 불리는 셰익스피어의 명성이 있다. 그렇다면 약 450년 전의 작가가 현재까지 계속해서 재창조되고 재현될 뿐만 아니라 인기도 누릴 수 있는 이유는 어디에 있는가? 장르적 특성으로 보면 셰익스피어의 작품들이 시나 소설이 아닌 드라마이기 때문에, 연극과 영화로 쉽게 재현될 수 있다는 장점도 있다. 하지만 그것이 전부는 아닐 것이다. 셰익스피어에게는 다른 고전 작가와는 다른 뭔가가 있는 것일까?

셰익스피어의 천재성은 흔히 그가 사용하는 놀라운 언어와 삶에 관한 통찰력으로 설명되어왔다. 36편에 달하는 많은 작품들을 통해서 셰익스피어가 사용하고 있는 어휘들은 당대 다른 작가들과는 비교가 되지 않을 정도로 방대하면서도 삶의 현실과 그 이면에 내재되어 있는 진실을 꿰뚫어 보는 심오함을 지니고 있는 것이 사실이다. 현대와 같이 관객들의 눈을 즐겁게 해주는 스펙터클이 불가능했던 그의 시대에는 언어가 의미를 전달하고 결정하는 가장 중요한 요소였기 때문에 이처럼 화려하면서도 통찰력 있는 수사학은 당대 작가들에게는 필수적인 것이었다. “세상을 무대”에, 그리고 “인간을 그 무대 위에서 연기하는 배우”에 비유하는가 하면 “인생을 걸어 다니는 그림자”에 불과한 것으로 표현하는 그의 놀라운 대사들은 셰익스피어가 현대에 이르기까지 인기를 누릴 수 있는 중요한 자산 가운데 하나이다.

또한 셰익스피어는 수많은 유형의 인물들을 창조해 낼 수 있는 능력을 지닌 극작가였다. 그가 창조해 낸 인물들은 너무나 자연스러워 우리 주변에서 얼마든지 찾아 볼 수 있을 법한 생생한 존재감을 갖추고 있다. 햄릿, 리어, 오셀로, 맥베스와 같은 비극의 주인공들뿐만 아니라, 로미오와 줄리엣, 안토니와 클레오파트라와 같은 연인들, 포샤, 바이올라, 로잘린드와 같은 지혜로운 여성들, 이아고, 에드먼드, 리처드 3세와 같은 악당들, 그리고 폴스타프나 샤일록과 같은 놀라운 모순적 매력을 지닌 인물에 이르기까지 그가 창조한 인물들은 참으로 다양하면서도 자연스럽다. 비록 이들이 16, 17세기 영국에서 창조된 인물들이지만, 우리는 현대에도 햄릿형, 리어형, 포샤형의 인물들을 얼마든지 발견할 수 있다. 그들의 신분이나 시대적 요소들을 제외시키고 한 인간으로서 그들이 지닌 개성이나 성격을 고려한다면, 이들은 우리에게 놀라운 흥미를 불러일으키는 인물들이 될 수 있는 것이다.

이런 관점에서 바라볼 때, 셰익스피어의 작품 세계는 셰익스피어 당대 영국의 시대적 특성과 보편적 요소가 절묘한 조화를 이루고 있다. 보편성은 어느 시대, 어느 사회를 막론하고 독자에게 공감을 줄 수 있는 초월적인 요소를 가리키는 것이고, 시대성은 그 작품이 쓰인 당대의 특정한 사회, 문화적 상황을 반영하는 요소를 가리킨다. 셰익스피어와 동시대 작가인 벤 존슨(Ben Jonson)은 셰익스피어는 "한 시대에만 한정되지 않고 영원하다"[1] 라는 유명한 글귀를 남겼는데, 이 구절은 많은 비평가들에 의해 인용되어 왔으며 셰익스피어 작품의 보편성과 불멸성을 표현하기 위해 사용되었다. 셰익스피어 당대뿐만 아니라 현대에 이르기까지 셰익스피어의 작품이 인기를 누리고 있는 것을 고려해 볼 때, 이러한 견해는 부인할 수 없는 듯하다. 하지만 셰익스피어의 작품에 드러난 시대성 역시 무시해서는 안 될 중요한 요소이다. 작가의 상상력은 자신이 살아가는 당대의 특별한 경험에서 생겨나기 때문이다. 또한 보편성의 원칙에 절대성을 부여하는 것도 쉽지 않다. 셰익스피어 비평사를 살펴보면, 모든 시대는 자신들이 필요로 하는 셰익스피어를 창조해 내었기 때문이다. 신고전주의 시대는 셰익스피어의 천재성은 인정했지만 고전적 틀을 벗어난 자유로운 형식을 비판한 반면, 반면에 낭만주의 시대는 오히려 그의 자유로운 형식 때문에 더 찬사를 보냈다. 도덕을 강조하던 빅토리아 시대에는 셰익스피어의 작품을 도덕적 잣대로 구분했는가 하면, 최근에는 셰익스피어의 작품에 나타난 정치적 요소들이 주목의 대상이 되고 있다. 셰익스피어의 작품이 지닌 다양하고 복합적인 의미가 이를 가능하게 만드는 것이다. 따라서 셰익스피어가 오늘날까지 인기를 누리는 것은 그의 작품이 당대의 정치, 사회, 문화 현상을 초월했기 때문이라기보다, 오히려 그들에 깊숙이 관여하면서 우리에게 다양한 해석의 여지를 남겨주었기 때문이라 할 수 있다.

현대를 살아가는 우리에게도 셰익스피어가 갖는 의미는 바로 우

1) 벤 존슨은 자신의 시 "나의 사랑하는 작가, 윌리엄 셰익스피어를 기억하며"(To the Memory of my Beloved the Author, Mr. William Shakespeare)에서 이러한 구절을 남겼다.

리 자신과 우리 시대와의 관련성에 있다. 셰익스피어에 대한 전통적인 접근 방식은 바로 앞서 언급한 초월적 보편성에 근거하여 셰익스피어가 작품을 통해 제시하는 인간과 사회에 대한 보편적 진리를 탐구하는 것이었다. 하지만 지금까지 셰익스피어가 누려온 시공을 초월한 신적인 지위는 현대에 이르러 많이 움츠러들고 있다. 절대적 진리 중심, 서구 중심, 남성 중심, 등의 전통적 가치 체계가 도전을 받으면서 셰익스피어 작품의 의미와 이에 대한 해석 역시 달라지고 있다. 작품의 보편적 주제나 구조에 관한 전통적 연구보다는 후기구조주의의 영향으로 인간관계나 사회 현상을 상대적 시각으로 바라보고 해석하는 방식이 주목받고 있다. 신역사주의자들과 문화유물론자들은 초월적 진리보다는 셰익스피어 작품에 내재되어 있는 역사성과 정치성에 주목하고 있으며, 페미니스트들은 셰익스피어 작품에 나타난 남성 중심적 사고를 신랄하게 파헤치며, 탈식민주의자들은 셰익스피어 작품에 나타나 있는 제국주의와 인종주의적 경향에 대해 날카로운 비판의 칼날을 들이대고 있다.

따라서 셰익스피어는 우리에게 고전이면서 동시에 고전이 아니라고 할 수 있다. 그 이유는 끊임없이 새로운 형태의 셰익스피어가 현대적 의미로 재무장하여 우리 앞에 나타나고 있으며, 동시에 셰익스피어 원작에 대한 비판적 이해와 해석 또한 끊임없이 진화하고 있기 때문이다. 셰익스피어의 작품은 연극과 영화의 형태로 각색되고 번안되어 시대적 흐름에 맞춰 지금도 우리 앞에 새로운 모습으로 나타나 현대의 정치 문화적 상황을 반영하고 또한 긴밀한 상호 연관 관계를 맺고 있다. 탈식민주의 비평가인 아니아 룸바(Ania Loomba)의 지적처럼, 일부 비평가들에게 셰익스피어의 작품에 대한 재해석은 변화하고 있는 우리 자신의 세계에 대한 재해석이 되고 있다(3). 그 이유는 현대의 대학 강의실에서, 연극과 영화, 텔레비전 브라운관을 통해서, 극장과 여행업계에서 셰익스피어가 어떤 역할을 하고 있는가와 그의 문화적 권위가 지난 사백년 동안 어떻게 형성되어 왔는가

하는 것이 현대 셰익스피어 비평가들의 주된 관심사가 되었기 때문이다.

셰익스피어는 영어가 세계를 지배해 왔듯이 문학의 영역에서 전 세계적으로 지배적 위치를 점해왔다고 해도 과언이 아니지만, 그러한 셰익스피어에 대한 각국의 반응과 해석은 결코 동일하지 않다. 미국과 영국, 유럽, 아시아, 아프리카 등에서 바라보는 셰익스피어는 결코 동일하지 않고, 개인에 따라, 국가적 상황에 따라, 셰익스피어의 존재는 전혀 다르게 다가온다. 예를 들면 데즈데모나를 살해하는 오셀로의 행위를 영웅의 비극적 파멸로 보는 전통적 시각이 있는가 하면, 흑인(유색인)의 짐승 같은 야만적 행위로 치부하여 비난하는 시각도 있고, 그의 인종적 열등감에 공감하고 그를 동정하는 등의 다양한 시각이 존재하는 것이다. 그리고 이러한 다양한 시각은 이미 문학적 감수성을 넘어 국가나 인종의 정치적 이데올로기와도 밀접한 연관관계를 맺고 있다. 현대의 셰익스피어는 이미 전 세계 여러 국가들의 지식인들이 자신들의 사상과 의식을 표현하고 재현하는 문화적, 정치적 수단으로 작용하고 있다. 아시아나 아프리카 국가들에서 각색, 번안되어 공연되는 셰익스피어 작품과 영국이나 미국 등의 서구 국가들에서 공연되는 셰익스피어의 모습이 다르게 표현되는 것은 피할 수 없는 현대의 흐름이다.

그런데 여기에서 우리가 기억해야 할 중요한 점은 셰익스피어의 작품에는 그러한 다양한 해석을 가능케 하는 복합적인 요소들이 담겨 있다는 점이다. 따라서 셰익스피어가 다른 고전 작품과 달리 현대에도 끊임없이 재생산되고 대중의 관심과 사랑을 받을 수 있는 궁극적 배경은 셰익스피어의 작품 속에 드러나 있는 초월적 보편성보다는 오히려 여러 시각으로 해석이 가능한 다양성과 복합성, 그리고 정반대의 시각을 가능케 하는 이중성과 모호성에서 비롯한다. 그렇다면 이와 같은 복합성과 모호성을 가능케 하는 셰익스피어의 독특한 천재성은 어디에서 유래하는 것일까? 이는 물론 셰익스피어 개인이 지니고 있는 문학적 재능과 통찰력에서 기인하는 것이겠지만, 여기에는 그가 살았던 영국 사회의 시대적 상황이 크게 영향을 미친 것으로 여겨진다.

셰익스피어가 살았던 16, 17세기 영국의 런던은 소위 르네상스라고 불리는 유럽의 시대적 상황과 맞물려 있었다. 르네상스의 커다란 시대적 특징은 중세시대의 기독교 신중심의 계급질서 담론이 흔들리면서, 그리스 로마의 인간중심의 개인주의 담론이 새롭게 대두했다는 점이다. 셰익스피어가 살았던 엘리자베스 여왕 시대의 영국 역시 이러한 신의 섭리로 인간의 삶을 설명하는 섭리적 담론과 이에 대항하여 인간의 행동의 결과를 중시하는 마키아벨리적 담론이 서로 대립하면서 공존하던 시대였다(Phyllis Rackin 6). 더구나 엘리자베스 여왕 시대의 영국은 대외적으로는 크게 번성하고 발전했던 시기로 여겨지지만, 내부적으로는 심각한 갈등과 혼란을 겪던 시대였다. 경제적으로는 농업사회에서 상업과 무역 중심사회로 옮겨가면서 소위 자본주의가 시작되었으며, 종교적으로는 구교 가톨릭과 신교 사이의 갈등으로 수많은 사람들이 희생당하는 혼란과 고통을 겪었으며, 정치적으로는 왕권의 정통성 문제와, 남성 중심의 사회에서 여성 통치자의 문제로 인해서 엘리자베스 여왕의 신격화가 의도적으로 진행되는 등 불안한 상황 속에 있었다. 셰익스피어의 작품들은 바로 당대의 이러한 대립되는 가치들의 갈등과 혼란을 반영하고 있으며, 그의 작품들이 이중성과 다양성을 지닐 수 있는 배경이 바로 여기에 있다.

먼저 셰익스피어 당대의 종교, 철학적 배경을 살펴보면, 틸야드(E. M. W. Tillyard)는 『엘리자베스시대 세계관』(*Elizabethan World Picture*)에서 우주와 인간에 대한 엘리자베스 시대 사람들의 사고가 중세 시대부터 전해져 온 "존재의 연쇄"(chain of being)라는 계급 질서관에 기초하고 있다고 주장하였다(27-28). 이 질서관에 따르면 모든 창조물은 고정된 형태나 계급 속에 결합되고 배열되어 있어서 이 연쇄 관계를 형성하고 있는 연결이 흔들리거나 어느 계급이 반항하여 변동을 일으키면 우주전체의 질서가 깨지는 것이다. 따라서 이러한 우주관과 질서관을 가진 엘리자베스인들이 자신의 지위나 위치에 만족하고 안정과 질서를 추구하였다는 주장은 기독교적 사고에 입각한 전통적인 시각이었다. 그러나 당시 영국사회에 대한 최근의 연구는 이러한 틸야드식의 견해가 당시 사회에서 절대적인 것이 아니었으며, 오히려 당시 영국인들이 심각한 종교적 갈등과 혼란을 겪고 있었음을 지적해 준다.

당시 영국사회의 전통적인 종교적 토대는 헨리 8세(Henry VIII)때 행해진 종교개혁과 함께 흔들리고 있었으며, 특히 가톨릭과 신교가 정치적 권익과 맞물려 깊은 갈등을 겪고 있었다. 영국은 1534년 헨리 8세의 "수장령"과 함께 종교적, 정치적 독립성을 주장하면서 로마 가톨릭을 거부하고 개신교와 가톨릭의 특징을 혼합한 영국 국교회를 만들었다. 헨리 8세 이후 그의 아들 에드워드 6세(Edward Ⅵ)는 아버지를 이어 영국 국교회를 지지했으나 6년 통치 후 사망하였고, 그의 누나였던 메리(Mary)가 왕위를 계승했는데 그녀는 가톨릭을 지지하였다. 따라서 메리 여왕의 통치기간동안 수백 명의 신교도들이 사형당했으며 국외로 망명하였다. 하지만 그녀는 가톨릭을 국교로 확립시키지 못하고 일찍 사망했으며, 그녀의 이복동생 엘리자베스가 왕위를 계승하였는데, 그녀는 다시 신교를 지지하였다. 『셰익스피어 비극의 서문』(*A Preface to Shakespeare's Tragedy*)에서 이러한 시대 상황을 잘 설명하고 있는 마이클 망간(Michael Mangan)은 엘리자베스 여왕시대에 가장 잘 팔리던 책이 메리 여왕의 통치하에 가톨릭교도들에 의해 고문당하고, 수족을 잘리고, 사형 당했던 신교 순교자들의 끔찍한 이야기를 모은 『순교자의 책』(*Book of Martyr*) 이었다고 지적한다(6). 그리고 이러한 신교와 가톨릭 사이의 갈등은 엘리자베스 여왕의 통치 기간에도 계속되었으며 엘리자베스에 대한 반란을 기도하는 가톨릭교도들이 끊이지 않았다. 이와 같은 역사적 배경을 볼 때, 셰익스피어 시대의 영국 사회가 종교적으로 일관된 질서 속에 있었다고 보기 어렵다. 물론 신교와 가톨릭이 다 같이 기독교 교리에 뿌리를 두고 있지만 그들 간의 피비린내 나는 싸움과 갈등은 종교가 당시 사회에 안정된 기반을 제공한 것이 아니라 오히려 문제와 분쟁의 영역이었음을 짐작케 한다.

이러한 종교적 질서의 분열과 함께 셰익스피어의 영국사회는 새로운 경제 질서의 대두로 인해 사회적으로 심각한 변화를 맞이하고 있었다. 무엇보다도 상업과 무역의 발달로 인해서 자본주의가 급속도로 확산하였으며, 이와 함께 기존의 계급구조가 크게 흔들리는 결과를 가져왔다. 영국에서 자본주의가 발달하게 된 배경은 지리상의 발견으로 대외무역이 활발해지고 국제 자본시장이 개방되어 대외적으로 경제가 팽창함과 동시에, 국내에서는 공유지를 사유지화 하고 농사 대신 목양사업을 시도하는 인클로저 운동(Enclosure Movement)으로 인해 노동력이 풍부해진 것이다. 넓은 수요를 가진 국제 시장이 열리고 노동력이 풍부해지자 이를 이용하여 대규모 생산을 통해 자본과 부를 축적한 자들이 생겨난 것이다. 이들 새로운 자본가들은 그들이 가진 부를 기반으로 전통적인 계급질서에 대립하였고, 마이클 해터웨이(Michael Hattaway)는 과거의 귀족계급과 새롭게 부상한 자본계급간의 불편한 관계를 설명하면서 심지어 "귀족계급의 위기"(the crisis of the aristocracy)라고까지 지적하였다(97). 전반적으로 사회적 지위나 계급은 부와 재산에 밀려나고 있었다.

자본주의의 발달과 함께 두드러진 것은 개인주의였다. 중세 시대의 영국인들에게 개인은 그다지 중요한 존재가 아니었다. 전체사회의 질서가 중요한 것이었고 개인은 사회질서를 위해 희생하는 것이 당연하였다. 개인의 지위나 신분은 신에 의해 정해지는 것으로 여겨졌고, 사람들은 그것을 뛰어넘으려 하지 않았다. 하지만 자본가가 생기면서 부와 재산이 계급보다 중요해지자 계급질서의 고리가 흔들리게 되었고 자신의 성공을 추구하는 개인주의의 대두는 피할 수 없는 것이었다. 더구나 교육의 기회가 거의 없었던 중세 시대와는 달리 셰익스피어의 시대에는 교육기회의 확대로 대학교육을 받은 남성의 수가 크게 늘고 있었다. 특히 대학교육을 받은 소위 지식계층은 사회나 정치 상황에 깊은 회의를 나타냈고, 기존의 질서를 변화시키는 사회변혁의 주역이 되었다. 셰익스피어와 동시대에 극작활동을 했던 말로우(Christopher Marlowe)나 키드(Thomas Kyd) 등 소위 "대학의 재원들"(University Wits)에 속했던 젊은 극작가들도 이와 같은 부류에 속한다고 할 수 있을 것이다.

지금까지 살펴본 바와 같이 종교적, 경제적, 사회적 변혁들은 앞서 지적한대로 틸야드가 주장한 "엘리자베스 사회의 질서"와는 대립되는 것이다. 하지만 우리는 틸야드식의 견해를 전적으로 무시할 수는 없다. 그 이유는 중세부터 전해 내려오는 질서관과 가치관은 쉽게 없어질 수 있는 것이 아니었기 때문이다. 대부분의 엘리자베스 시대 영국인들, 특히 대도시에 살고 있던 사람들은 전통적인 질서관과 사회변혁으로 인해 대두되는 새로운 사상 사이에서 갈등과 혼란을 겪었을 것이 틀림없다. 그렇다면 우리는 이러한 갈등과 변혁의 사회배경을 무시하는 틸야드식의 계급 질서론을 어떻게 이해해야 할 것인가? 마이클 망간은 당시 사회에서 우주적 질서와 계급차이를 강조한 것은 오히려 당시 사회가 새로운 경제변혁에 의해 강하게 도전받고 있었다는 것을 역설적으로 표현한 것이라고 주장한다(30-31). 즉, 당시 사회의 권력층은 자신들이 차지하고 있는 질서와 계급의 기득권이 위협받고 있다는 위기의식 때문에 더욱 강하게 질서와 계급을 강조한 것이라고 볼 수 있는 것이다.

결국 셰익스피어의 영국 사회는 다음과 같이 양면성이 공존하던 시대로 설명할 수 있다. 즉, 한편으로는 보수적이고, 전통적이며, 계급적인 사회구조가 지방이나 시골경제를 기반으로 존재하였고, 다른 한편으로는 기존의 계급이나 질서를 위협하며 새로운 자본주의를 기반으로 도시 중심으로 사회의 변화를 수도하는 세력이 존재했던 것이다. 이 두 세력의 상호관계는 복잡하면서도 광범위했고, 때로는 서로 적대적인 관계로 또 때로는 기존의 계급구조가 새로운 세력을 수용하며 자신들의 기반을 놓치지 않으려고 조화를 꾀하는 관계로 나타났던 것이다. 엘튼(W. R. Elton)은 셰익스피어 시대의 변화하는 사고에 대한 연구에서 전통적인 사고인 "유사한"(analogical) 사고와 당시대에 "변화하는"(transitional) 사고 사이의 지적인 대립을 지적하며, 셰익스피어의 작품이 그러한 대립에 기초한 갈등구조를 적절하게 표현한다고 주장한다.

> While his dramas assert the great chain of being, for instance, and the hierarchy of order, they also as frequently act out the opposite, the reality of disorder(17).

> 그의(셰익스피어) 희곡들은 예를 들면 계급질서와 같은 존재의 대 연쇄 사상을 나타내기도 하는 반면, 또한 그와는 정반대인 혼돈스런 현실을 자주 표현하기도 한다.

이처럼 우리는 셰익스피어의 작품이 작가의 개인적이고 독창적인 문학관을 반영할 뿐만 아니라, 그가 살던 시대의 산물이기도 하다는 사실을 인식해야 할 것이다.

셰익스피어는 당시 중산층이면서 또한 연극이라는 매체를 통해 최고 상류층부터 최하층민까지 가깝게 접할 수 있었기 때문에, 당시 사회의 변화에 매우 민감하게 적응할 수 있었던 것으로 일반적으로 알려져 있다. 비평가들 중에는 셰익스피어가 당시 기존질서 체제에 편승하여 상류층의 기호를 만족시키며, 자신의 성공과 계급상승을 꾀했다고 보는 시각이 있다. 이들은 주로 셰익스피어 작품의 주인공들이 모두 왕족이나 귀족계급이며, 대부분의 작품이 결국 사회질서의 회복이라는 궁극적 목적을 달성한다는 점을 지적한다. 하지만 또한 그와는 정반대로 그가 하층민들의 불만과 비판의 목소리를 대변했다고 보는 시각도 있다. 이러한 시각은 셰익스피어의 작품에 등장하는 왕족이나 귀족계급의 부패, 어리석음, 깨달음, 그리고 안전한 극적 장치를 통해 그들을 꾸짖고 비난하는 광대나 하층민들의 존재를 중요시한다. 그런데 셰익스피어가 극작가로서의 성공을 거두기 위해서는 기존 질서를 고수하고자 하는 상류층의 기호와 이러한 기존 질서에 저항하는 중산 및 하류층의 만족감을 동시에 충족시킬 수 있어야 했다는 점을 우리는 기억해야 할 것이다.

셰익스피어는 이처럼 대립하면서도 공존하는 가치의 혼란 속에서 어느 한쪽의 시각에 치우치지 않고 자신의 작품 속에서 이러한 대립하는 시각들을 복합적으로 표현해 낼 수 있는 작가였다. 이 점이 바로 셰익스피어를 그의 동시대 작가들과 구별시키는 가장 중요한 특징이라고 할 수 있다. 셰익스피어 당대에 수많은 극작가와 시인들이 존재했지만 그들 대부분의 이름은 우리의 기억 속에서 사라진 반면, 오직 셰익스피어만이 아직까지 우리 앞에 동시대 작가로 여겨질 수 있다는 사실이 이를 반증한다. 흔히 셰익스피어의 라이벌 작가로 평가되는 크리스토퍼 말로우(Christopher Marlowe)의 작품과 셰익스피어의 작품을 비교해 보면, 이러한 차이점은 분명하게 드러난다. 물론 말로우와 셰익스피어는 같은 해에 태어났으며, 거의 같은 시기에 작품 활동을 했지만 당대에 먼저 인기를 끌었던 작가는 셰익스피어보다도 오히려 말로우였다. 특히 말로우의 『탬벌레인 대왕』(*Tamburlaine the Great*), 『몰타의 유대인』(*The Jew of Malta*), 『파우스투스 박사』(*Doctor Faustus*)와 같은 작품들은 셰익스피어보다 인기를 끌었으며, 셰익스피어는 말로우의 영향을 받아 그에게서 영감을 받은 유사한 작품들을 썼던 것으로 알려져 있다. 하지만 말로우는 29세의 젊은 나이에 사망하고 말았으며, 그의 죽음은 그의 작품 속에 드러난 정치적 태도와 무관치 않다. 셰익스피어가 당대의 지배 담론을 반영하면서도 이에 저항하는 목소리를 함께 드러내는 반면, 말로우는 지배 담론에 대한 비판과 반항의 목소리를 분명하게 표현한다. 셰익스피어가 52세까지 살면서 34작품이 넘게 다양한 장르의 작품을 쓴 반면, 말로우는 단지 6작품밖에 쓰지 못한 이유는 당대의 정치적 상황 탓으로 돌릴 수 있겠지만 말로우의 작품들이 셰익스피어의 작품들에 비해 그 동안 크게 주목받아오지 못했다는 사실을 우리는 어떻게 이해해야 할 것인지 생각할 필요가 있는 것이다.

인용문헌

Bradley, A. C. *Shakespearean Tragedy*. London: Macmillan, 1974.

Elton, W. R. "Shakespeare and the thought of his age" *The Cambridge Companion to Shakespeare Studies*. Ed. Stanley Wells. Cambridge: Cambridge UP, 1986. 17-34.

Hattaway, Michael. "Drama and Society" *The Cambridge Companion to English Renaissance Drama*. Eds. A. R. Braunmuller & Michael Hattaway. Cambridge: Cambridge UP, 1990. 93-130.

Loomba, Ania & Martin Orkin. "Introduction: Shakespeare and the Post-colonial Question" *Post-Colonial Shakespeare*. London: Routledge, 1998. 1-22.

Mangan, Michael. *A Preface to Shakespeare's Tragedies*. London: Longman, 1991.

Rackin, Phyllis. *Stages of History: Shakespeare's English Chronicles*. London: Routledge, 1990.

Tillyard, E. M. W. *The Elizabethan World Picture*. New York: Vintage Books, 1943.

3. 셰익스피어의 연대기

1564 스트래트포드 어폰 에이븐(Stratford-Upon-Avon)에서 존 메리 셰익스피어의 맏아들로 탄생.

1582 8살 연상의 앤 해서웨이(Anne Hathaway)와 결혼.

1583 딸 수잔나(Susanna) 탄생.

1585 쌍둥이 남매 햄닛(Hamnet)과 주디스(Judith) 탄생.

1592 『헨리 6세 1, 2, 3부』(1, 2, 3 *Henry VI*)
『리처드 3세』(*King Richard III*)
『타이터스 앤드로니커스』(*Titus Andronicus*)

1593 『말괄량이 길들이기』(*The Taming of the Shrew*)
『착오희극』(*Comedy of Errors*)
『베로나의 두 신사』(*The Two Gentlemen of Verona*)
『사랑의 헛수고』(*Love's Labour's Lost*)

1594 『로미오와 줄리엣』(*Romeo and Juliet*)

1595 『한 여름 밤의 꿈』(*A Midsummer Night's Dream*)
『리처드 2세』(*King Richard II*)

1596 아들 햄닛 사망.
셰익스피어의 아버지 존 셰익스피어 젠틀맨의 지위를 얻음.
『존 왕』(*King John*)
『베니스의 상인』(*The Merchant of Venice*)

1597 스트래트포드에 있는 저택 뉴플레이스(New Place)를 구입.
『헨리 4세 1부』(*The First Part of King Henry IV*)

1598 벤 존슨의 작품 *Everyman in His Humour*에서 배우로 출연.
『헨리 4세 2부』(*The Second Part of King Henry IV*)
『헛소동』(*Much Ado About Nothing*)

1599 『줄리어스 시저』(*Julius Caesar*)

『헨리 5세』(*King Henry V*)
『좋으실 대로』(*As You Like It*)
1600 『윈저의 즐거운 아낙네들』(*Merry Wives of Windsor*)
『트로일러스와 크레시다』(*Troilus and Cressida*)
1601 셰익스피어의 아버지 존 사망.
『햄릿』(*Hamlet*)
1602 『12야』(*Twelfth Night*)
1604 『끝이 좋으면 다 좋다』(*All's Well that ends well*)
『자에는 자로』(*Measure for Measure*)
『오셀로』(*Othello*)
1606 『맥베스』(*Macbeth*)
『리어 왕』(*King Lear*)
1607 『안토니와 클레오파트라』(*Antony and Cleopatra*)
『코리올레이너스』(*Coriolanus*)
『아테네의 타이먼』(*Timon of Athens*)
1608 셰익스피어의 어머니 메리 사망.
『페리클레스』(*Pericles*)
1610 런던을 떠나 고향인 스트래트포드로 돌아옴.
『심벨린』(*Cymbeline*)
1611 『겨울 이야기』(*The Winter's Tale*)
『태풍』(*The Tempest*)
1616 셰익스피어 사망. 스트래트포드에 있는 성삼위 일체 교회에 매장됨.

Ⅱ. 셰익스피어 극의 장르별 특징

1. 셰익스피어의 사극

셰익스피어가 비록 그의 극작초기에 희극들도 썼지만, 초기 극작 활동에서 그가 극작가로서 얻은 명성은 주로 그의 사극(history play)들로 인한 것이었다. 그리고 기억해야 할 것은 이 사극분야는 기존의 인기 장르라기보다는 셰익스피어가 당대에 개척한 분야라는 점이다. 사극은 흔히 독자적인 장르로 구분하기 어렵다고 말해진다. 그 예로서 셰익스피어의 『리처드 2세』(*Richard II*)와 『리처드 3세』(*Richard III*)는 초기 사절 본에서 비극으로 분류되어 있고, 우리가 비극으로 분류하는 『리어왕』(*King Lear*)은 사극으로 분류되어지기도 했다. 이처럼 당시에는 사극과 비극의 구분이 모호하여 정확한 구분이 어려웠다 할 수 있다. 하지만 사극은 일반적으로 극의 주 관심사가 역사적 사실에 있는 부류의 극이라고 정의할 수 있다. 달리 말하면 역사적 사실이 극의 형성에 결정적인 영향을 미친 작품이라고 생각하면 된다.

사극을 통해 셰익스피어가 보여준 역사에 대한 관심은 그가 살던 당대의 시대 여건과 깊게 관련되어 있다. 셰익스피어가 살았던 16, 17세기를 르네상스(Renaissance)시대로 규정할 때 그 용어가 과거의 "재생"(rebirth)을 의미하듯이, 셰익스피어의 시대는 과거와의 관계에 의해 결정되어졌다고 해도 과언이 아니다. 이 시대에는 유럽 전역에서 역사에 대한 연구가 활발하게 이루어졌으며, 당대의 인문주의자들은 과거의 세계를 재발견함으로써 현재의 세계를 변화시켜가고자 시도했다. 이러한 과거 재발견에 대한 관심은 특히 영국에서 두드러졌다. 장미 전쟁이라는 피비린내 나는 권력투쟁으로 인해 가족과 토지, 서로에 대한 신뢰와 사랑을 상실한 영국인들은 자신들의 부끄러운 역사를 연구함으로써 과거의 잘못을 피하고 현재의 정치적 안정과 평화를 갈망했던 것이다. 더구나 헨리 7세가 보스워스(Bosworth) 전투에서 리처드 3세를 물리치고 왕권을 획득함으로써 시작된 "튜

더”(Tudor)왕조는 왕권의 정통성을 의심받았기 때문에 이를 정당화하기 위하여 신의 섭리와 장미 전쟁의 고통을 강조하는 공식적인 역사 연구를 적극적으로 후원했던 것이다.

따라서 영국 역사에 불어 넣어진 정치적인 입김을 우리는 간과할 수 없다. 그리고 이러한 당대 상황은 셰익스피어의 사극에도 분명히 반영되어 있으며, 그의 역사의식과 역사극에 대한 문학적 비전을 형성하는데 영향을 미쳤다고 볼 수 있다. 당대의 권력자들이 때로 여론을 주도하기 위해서 특별한 주제에 관한 극을 극작가에게 요구하고 상연시켰다는 것은 의심의 여지가 없다. 또한 극에 대한 검열을 통해 극의 내용을 제한시키기도 했다는 사실 역시 잘 알려져 있다. 하지만 셰익스피어의 사극이 반드시 이러한 정치적 배경에 의해서만 그 주제나 방향이 결정되었다고 말할 수 없다. 예를 들어 『리처드 3세』의 경우, 셰익스피어는 토머스 모어(Thomas More)의 역사서에 기록된 리처드의 흉측한 외모와 사악한 성품을 그대로 자신의 극 속에 반영시키고 있지만, 다른 한편으로는 그가 가진 무한한 에너지와 지능 그리고 뛰어난 유머 등을 강조함으로써 악한임과 동시에 매력적인 인물로 묘사하고 있다. 그리고 비록 리처드가 형제를 포함하여 수많은 사람들을 파멸시키지만, 그의 악행은 리처드 개인에 대한 비난만이 아니라 부패하고 혼돈에 빠진 영국 역사의 한 시대를 반영하는 극적 기능을 보여주고 있다. 결국 셰익스피어는 당대의 역사에 의해서 결정된 악한을 자신의 극 속에서 재해석하여 오히려 그 시대에 대한 비판적 시각을 비유적으로 나타내고 있는 것이다.

『리처드 3세』에 나타난 셰익스피어의 역사의식에서 볼 수 있듯이, 여기에서 주목해야 할 것은 역사 연구에 대한 깊은 관심이 역사와 역사 이론에 새로운 발전을 가져왔다는 점이다. 초기에 엘리자베스인들은 과거가 현재에 교훈을 주고 미래를 위한 거울이 된다고 생각했다. 하지만 역사학과 역사이론의 발전은 오히려 그들로 하여금 점차 과거로부터의 소외감을 느끼게 했는데, 그 가장 근본적인 원인은 필리스 래킨(Phyllis Rackin)이 지적하는 것처럼 "역사와 신학의 분리"라고 할 수 있다(6). 흔히 수도원에서 기록되던 중세의 역사서들은 인간의 모든 행동을 종교적인 시각에서 보았으며, 모든 것을 신의 뜻에 일치시키는 역사관을 보여 왔다. 하지만 르네상스 시대의 역사가들은 역사의 주관자가 신이라는 것은 여전히 인정하였지만, 또한 다른 측면 즉 인간의 행위와 그 결과에 대한 관심을 확대시켜 나갔다. 따라서 당대의 역사 연구에서 신의 섭리와 인간행위의 결과는 서로 양립하지 않는 한도에서 뒤섞이게 된 것이다. 그리고 이러한 인간행위와 결과에 대한 관심은 인간이 기록한 역사적 사실에 대해 의심을 가능케 했고, 역사적 진실에 대해서도 논란의 여지를 부여하였다. 셰익스피어의 사극은 이러한 회의적 역사관을 보여주고 있다.

셰익스피어에게 있어 역사와 역사극은 다른 것이었다. 이러한 사고는 셰익스피어에게서만 발견되는 것은 아니다. 셰익스피어와 동시대인인 필립 시드니(Philip Sidney)는 자신의 『시 옹호론』(*The Defense of Poesie*)에서 역사와 문학을 분명히 구분하고 있고, 역사에 대한 문학의 우월성을 강조하고 있다. 시드니는 역사학자가 특정한 사실에만 매여 있으며 자신이 이유를 설명할 수도 없는 사건을 기록할 수밖에 없는 한계를 가진 반면, 시인은 추한 현실을 통해서도 자신의 문학관에 따라 이상적인 이미지를 묘사할 수 있다고 주장하였다(423). 시드니의 주장을 역사적 사건에 적용해 볼 때, 시인은 예술적 보편적 측면을 찾아 역사적 사건의 원인과 결과를 제공할 수 있을 정도로 자유로운 것이다. 리처드 더튼(Richard Dutton)은 셰익스피어가 모든 역사는 거짓을 말할 수 있다는 것을 알고 있었으며, 또한 자신이 아무리 역사에서 발견한 사실을 충실하게 따르려고 할지라도 역사극이라는 매개체가 진실을 왜곡시킨다는 것을 의식하고 있었다고 주장한다(77).

셰익스피어의 사극은 역사적 사실을 그대로 극화한 것이 아니다. 그는 자신의 작품에서 많은 역사적인 사실들을 무시하고 변형시키고 있는데, 이는 그가 역사적 사실을 극화할 때 단순히 실수한 것이라고만 하기 어렵다. 셰익스피어는 자신의 사극에서 역사의 재현만을 시도한 것이 아니라 문학작품으로써 극적효과와 의미를 위해 의도적으로 역사적 사실을 변형시킨 것이다. 예를 들어, 『리처드 3세』에 등장하는 주인공 리처드는 곱사등이의 추한 외모에 잔인하고 사악한 마키아벨리적인 악당으로 묘사되는데, 리처드를 옹호하는 역사가들은 그가 곱사등이도 아니며 셰익스피어의 극작품 속에서 그가 저지르는 많은 죄악들에 (런던 탑 속에서 어린 왕자들을 살해하는 것을 포함하여) 책임이 있지도 않다고 주장한다. 또한 『헨리 4세 1부』(*1 Henry IV*)에서 셰익스피어는 용감하고 강인한 핫스퍼(Hotspur)와 부랑아로 등장하는 할(Hal) 왕자를 비슷한 또래로 묘사하여 두 사람 사이에 극적 대조를 불러일으키고, 특히 스류스베리(Shrewsbury)전투에서 두 사람의 대결을 더욱 효과적으로 나타내고 있지만, 그는 분명히 핫스퍼가 할 왕자보다 25살이나 더 많고 한때는 그가 왕자의 후견인이기도 했다는 역사적 사실을 무시하고 있다.

사실 스몰우드(R. L. Smallwood)가 지적하듯이, 셰익스피어가 왜 사극을 썼는가 하는 물음에 대한 가장 정확한 대답은 정치적인 문제들과 그 결과에 대한 관심 때문이라고 말할 수 있다(147). 희극이 사회적이고 사교적인 인간에 관심을 갖고, 비극이 도덕적이고 윤리적인 인간에게 관심을 보인다면, 사극은 무엇보다도 정치적 인간, 즉 인간의 정치적 행위, 권력욕, 권력의 획득과 상실에 대한 인간의 반응 등에 대한 탐구라고 할 수 있다. 영국역사에서 정치권력은 곧 왕권을 의미했다. 셰익스피어의 사극은 왕권을 소유하고 있는 자의 인간적 한계와 권력의 상관관계, 권력투쟁과 그 결과들을 반영하기 위해 연대기의 역사 자료들을 선택하고 과장하기도 하며 덧붙이기도 한 것이라 할 수 있을 것이다.

에드워드 베리(Edward Berry)에 따르면 셰익스피어의 사극에 대한 현대비평은 주로 다음과 같은 부분들에 집중되어 왔다(249-256). 먼저 가장 주요 관심사는 장르의 구분이었다. 즉, 셰익스피어의 희극, 비극, 로맨스 등과 같은 다른 장르와 구별되는, 특히 극적 구조나 어조에서 차이가 있는 사극의 특질을 발견하는 것이었다. 다음으로 비평가들은 사극에 나타난 애국심, 정치문제, 그리고 사극들 간의 연속성의 문제를 관심의 대상으로 삼았다. 20세기 초반 특히 제 1, 2차 세계대전을 전후로 셰익스피어의 사극에 대한 평가는 주로 "민족적 단결과 사회적 유대"에 관한 셰익스피어의 메시지를 찾아내는 것들이었다. 틸야드(E. M. W. Tillyard)는 『셰익스피어의 사극들』(*Shakespeare's History Plays*)(1944)에서 셰익스피어의 애국심을 강조하였고, 셰익스피어를 대중적인 극작가가 아닌 정치적 역사적 질서를 대변하는 극작가로 보았다. 하지만 2차대전 이후 사극에 대한 관심은 애국심에서 정치적인 문제로 바뀌었다. 『셰익스피어의 사극들』(*Shakespeare's Histories*)에서 릴리 캠벨(Lily B. Campbell)은 셰익스피어의 목적이 역사를 당대 정치의 거울로 이용하는 것이라고 주장했다(6). 하지만 틸야드와 캠벨의 비평적 접근은 셰익스피어의 사극이 전통적인 질서와 계급의 원칙에 입각한 것으로 간주하여, 그를 관객에게 교훈과 가르침을 주는 극작가로 평가하는 것이었다.

이러한 틸야드와 캠벨의 견해에 반대하는 최근의 비평은 세 부류로 나눌 수 있다. 첫째는 셰익스피어 당시 사회의 모습이 단순히 틸야드가 주장하는 것처럼 질서와 계급에 의거한 사회가 아니라 갈등과 혼란, 회의주의, 그리고 정치문제에 대한 논란 등을 겪는 사회였다는 것을 지적하는 부류이다. 둘째는 정치이념과 드라마의 차이, 그리고 셰익스피어의 독립성을 주장하는 부류이다. 특히 로시터(A. P. Rossiter)는 사극이 담고 있는 아이러니와 모호성을 탐구함으로써 정치적인 독단론을 부인하였다. 세 번째는 셰익스피어의 정치적인 관심을 그의 당대에만 한정시키는 경향을 거부하는 부류이다. 즉, 셰익스피어의 사극에 나타난 정치문제를 튜더왕조의 정치 상황에만 국한시키지 않고, 셰익스피어가 나타내는 정치 주제의 보편성, 정치

행위의 비극성, 그리고 궁극적으로 정치 행위의 초월을 강조하는 것이다.

하지만 틸야드 이후, 그가 주장했던 튜더시대의 정치 질서론은 공격의 대상이 되었지만, 그가 시도한 셰익스피어 사극들에 대한 방대한 연구에서 보여준 작품들의 연속성에 대한 관심은 후기 비평가들로 하여금 셰익스피어의 사극들 간의 연결성과 연속성에 좀 더 깊은 연구를 할 수 있도록 기여한 것이 사실이다. 특히 "첫 번째 4부작"(first tetralogy)으로 분류되는 『헨리 6세 1부』(*1 Henry VI*), 『헨리 6세 2부』(*2 Henry VI*), 『헨리 6세 3부』(*3 Henry VI*), 그리고 『리처드 3세』(*Richard III*)와 "두 번째 4부작"(second tetralogy)으로 분류되는 『리처드 2세』(*Richard II*), 『헨리 4세 1부』(*1 Henry VI*), 『헨리 4세 2부』(*2 Henry VI*), 그리고 『헨리 5세』(*Henry V*)의 연관 관계는 비평가들의 관심의 대상이었다. 그 이유는 먼저 쓰여진 첫 번째 4부작의 주인공들이 역사적으로는 후대이고, 나중에 쓰여진 두 번째 4부작의 주인공들이 역사적으로 선대이기 때문이다. 셰익스피어 극에서 신의 정의와 도덕 질서를 강조하는 비평가들은 작품이 쓰여진 순서와 관계없이 사극들 간의 연속성이나 연결성 연구에서 왕위찬탈이나 악행을 저지른 왕들(헨리 4세, 리처드 3세)의 불행과 파멸, 그리고 신의 정의를 힘입은 새로운 왕의 등장 등에 초점을 맞추어 신의 섭리가 지배하는 역사적 정당성을 찾는다. 하지만 역사적 사실의 연대기와 역사극의 연대기는 일치하지도 않고, 일치할 필요도 없다. 다만 역사적 사실에 대한 작가의 역사의식이 연대기적 역사 흐름과 맞물려 어떻게 발전하고 있는지가 훨씬 더 중요한 문제이다.

2. 셰익스피어의 희극

셰익스피어의 희극 세계를 온전히 이해하기 위해서는 역시 먼저 희극의 개념부터 확실히 정리할 필요가 있다. 일반적으로 희극은 드라마의 형태를 갖춘 문학 작품뿐만 아니라 폭넓게 우리를 즐겁게 하는 어떤 경험이나 사건을 의미하기도 한다. 다시 말하면 웃음을 유발시키는 T. V 프로나 우스꽝스런 사건 등을 희극이라고 부를 수 있다. 중세 시대에는 비극이 아니고 행복한 결말이 나는 것은 모두 희극이라 불렸다. 단테의 『신곡』(*Divine Comedy*)을 비롯해서 도덕극과 같은 중세의 종교극들은 모두 영적인 구원을 약속하기에 희극으로 여겨졌다. 하지만 현대의 미학적 차원의 희극의 개념은 이와 같은 정의를 넘어선다. (우리나라에서 희극이라는 말은 일반적으로 드라마의 형식을 갖춘 문학작품을 지칭하고, 우스꽝스런 사건이나 경험은 코미디라고 부르는 경향이 있다) 특히 현대 장르 비평에서 진정한 의미의 희극은 비극보다 심오한 것으로 여겨지기도 한다. 그 이유는 희극은 궁극적으로 고통과 죽음이라는 비극의 운명을 초월하여 새로운 삶의 의지를 지향하기 때문이다. 윌리 사이퍼(Wylie Sypher)가 비극의 사이클을 "탄생-투쟁-죽음"으로, 그리고 희극의 사이클을 "탄생-투쟁-죽음-부활"로 정의한 것은 희극의 정신을 단적으로 표현한 것이다(33).

그런데 이러한 정의 속에서 우리가 간과해서는 안 될 사항이 있다. 그것은 비극이 개인적인 차원의 극이라면 희극은 사회적 차원의 극이라는 점이다. 비극이 고통과 죽음 가운데에서도 개인이 보여주는 영웅적 투쟁정신과 위엄에 초점을 맞춘다면 희극은 사회적 융화와 화합에 초점을 맞춘다. 노스롭 프라이(Northrop Frye)는 셰익스피어의 희극을 포함하여 희극의 원형을 젊은 남녀의 사랑과 이를 막는 장애, 그리고 결말 가까이에서 역전을 통한 결혼의 과정으로 보았다

(163-164). 그는 희극의 움직임이 어떤 한 종류의 사회에서 다른 종류의 사회로 이동한다고 주장하였고, 그것은 갈등과 대립의 사회에서 화합과 행복의 새로운 사회의 출현으로 정의된다. 그리고 새로운 사회는 가족의 만남이나 결혼과 같은 화합을 상징하는 사건을 통해 많은 사람들이 참여하는 축하연의 형태로 나타난다. 개인의 삶의 문제보다는 사회전체의 융화가 강조되는 것이다.

희극이 개인의 파멸과 죽음을 극복할 수 있는 것은 바로 사회적 가치의 실현을 통해서 이고, 그를 잇는 새로운 개인에 의해서 가능하기 때문이다. 이러한 의미에서의 희극정신은 윌리 사이퍼가 지적 한 대로 고대 부족의 희생제의에서 잘 나타난다(31). 고대 부족의 의식 중에는 흉년이 들거나 재난이 닥칠 때 늙은 왕을 죽여 희생 제물로 삼고 그의 몸을 부족들이 먹음으로써 과거의 죄를 청산하고 부족을 정화시키는 의식이 있었다. 이 의식은 곧 죽음과 부활의 의식이다. 즉, 늙은 왕으로 상징되는 과거 시절을 죽이고, 그의 아들인 젊은 왕의 등극으로 시작되는 새로운 시대를 맞이하는 것이다. 늙은 왕의 고통과 죽음을 보며 슬퍼하고 두려워하는 것이 비극의 단계라면, 왕의 희생과 함께 악과 죄를 정화하고 새로운 왕의 추대로 인한 기쁨과 소망 가운데 축제를 벌이는 것이 바로 희극의 단계인 것이다.

서구 문학에서 희극은 비극에 비해 차별대우를 받아 왔다. 한 시대의 가치와 역량은 그 시대가 위대한 비극을 탄생시켰느냐 그렇지 못했느냐에 따라 평가받을 정도였다. 이것은 사회보다는 개인을 중시해 온 서구문화의 한 단면을 말해 주는 것이라고 할 수도 있고, 고통과 죽음을 현실적이고 심각한 것으로 웃음과 행복을 하찮은 것으로 여기는 인간의 속성 때문이기도 할 것이다. 특히 희랍시대에 아리스토텔레스는 『시학』에서 희극을 비극과 엄격히 구별하여 보통사람보다 못한 저급한 사람들의 행위에 대한 모방이라고 정의했다(49). 그에게 있어 희극은 우스꽝스럽고 기괴한 행위에 대한 모방으로써 고통이나 파멸이 없는 일종의 실수나 착오와 같은 창피한 형태로 나타난다. 따라서 희극의 주인공은 신분이 낮고 사납고 난폭한 행동이자 기괴한 요소들을 수반하는 것으로 여겨졌다. 이러한 아리스토텔레스의 시각은 현대에도 상당부분 적용된다고 할 수 있다. 하지만 희극정신에 대한 이해는 달라졌다. 희극에 대한 현대적 시각은 비극적 시각을 깨닫고 난 후 그것을 조롱하는 수준에서 얻어진다. 즉, 죽음이나 피할 수 없는 운명으로부터 해방되어 비극의 연민과 공포에서 강요되는 도덕과 정숙함을 비웃고 의식과 행동의 자유를 추구하는 것이다.

그런데 셰익스피어의 희극은 고대희극의 전통이나 현대적 희극의 형태들과는 여러 측면에서 구별된다. 물론 사회의 융합을 향한 재생과 구원의 본질적 희극정신은 크게 다르지 않지만, 외적인 형태에서 셰익스피어의 희극은 그 이전의 희랍 희극전통과 구별되는 독특한 특징을 갖고 있다. 먼저 셰익스피어의 희극은 아우얼바하가 지적한 대로 비극적인 요소를 포함하는 "스타일의 혼합"을 보여주고 있고, 주요 등장인물들도 대부분 귀족계급으로써 고대희극의 개념에서 커다란 변화를 가져왔다.

셰익스피어의 희극은 흔히 다른 희극들(소극, 풍자희극, 풍습희극)과 구별하여 "낭만희극"(romantic comedy)이라 불린다. 하지만 좀 더 자세히 나누자면 셰익스피어의 희극은 초기의 낭만희극, 중기의 문제극, 그리고 흔히 로맨스로 불리는 후기극들로 분류되어진다. 따라서 셰익스피어의 낭만희극이라 하면 주로 초기의 희극들을 말하는 것으로, 이 장에서 다루는 개념도 그러한 원칙을 따르고 있다. 사실 셰익스피어의 낭만적 희극은 릴리(Lyly)와 필(Peele)의 영향을 받았고, 중세문학과 고대 민담에 그 기원을 두고 있지만, 그는 그 전통을 이어받아 자신의 것으로 변형시켰다. 아브람스(M. H. Abrams)의 정의에 따르면 낭만희극은 아름답고 이상화된 여주인공이 포함된 애정문제와 관련되어 있고, 일반적으로 이 사랑의 과정이 순조롭지 못해 어려움을 겪지만 결국 모든 난관을 극복하고 행복한 결합을 이루는 전형적인 패턴을 갖는다고 본다(25). 이는 셰익스피어 희극에서 공통적으로 나타나는 중요한 특징이다. 하지만 셰익스피어의 희극을 낭만희극이라 할 때, 낭만의 의미는 남녀 간의 사랑을 말하는 현대적 의미보다는, 오히려 말기의 로맨스 작품에서 두드러지는 중세나 르네상스의 로맨스 문학을 특징짓는 초현실적인 자유로운 정신에 있다.

셰익스피어의 낭만희극은 주로 신비한 숲의 세계나 이국적인 낯선 장소를 배경으로 첫눈에 사랑에 빠지거나, 다른 사람으로 변장을 하기도 하고, 서로 잃어버렸다가 다시 찾는 동화와 같은 이야기를 다루고 있다. 『한여름 밤의 꿈』(*A Midsummer Night's Dream*)에 등장하는 요정들과 숲의 세계, 『12야』(*Twelfth Night*)에서 난파로 인한 쌍둥이 남매의 헤어짐과 만남 그리고 바이올라(Violar)의 변장, 『베니스의 상인』(*The Merchant of Venice*)에 등장하는 벨몬트(Belmont)에서의 상자 고르기(casket)장면 등은 이러한 낭만희극의 분위기를 느끼게 해 준다. 특히 셰익스피어의 희극에서는 최종적인 희극적 사회로 가기 전에 주인공들이 현실의 장애를 벗어나서 도피하거나 자신의 정체성(identity)을 벗어날 수 있는 또 다른 세계를 겪는다. 프라이는 이 세계를 "푸른 세계"(Green World)라고 부르는데 이 세계가 바로 『한여름 밤의 꿈』의 요정의 세계, 『좋으실 대로』(*As You Like it*)의 아든(Arden) 숲, 그리고 『윈저의 즐거운 아낙네들』(*The Merry Wives of Windsor*)의 윈저의 숲과 같은 숲의 세계이고 이국적인 세계인 것이다.

이 낯설고 신비한 세계를 경험하고 다시 현실 사회로 돌아왔을 때 셰익스피어의 주인공들은 변화를 겪게 되고 희극적 해결이 성취되어, 최초 사회의 장애를 극복한 새로운 사회의 출현이 가능케 되는 것이다. 현대 비평에서는 이러한 요소들을 은유나 극적장치로 평가한다. 하지만 이러한 평가로 인해 위의 동화적 요소들이 우리에게 전달하는 낯설음의 효과를 무시해서는 안 된다. 이와 같이 셰익스피어의 희극세계는 단순히 연인들의 사랑얘기가 아니라 현실세계에서 벗어나 자유로운 상상의 세계를 펼쳐 보임으로써 관객들에게 즐거움과 행복 외에 정신적 자유라는 또 다른 효과를 주고 있는 것이다.

이러한 정신적 자유의 추구는 비현실적인 세계의 설정에서도 나타나지만 셰익스피어의 희극이 갖는 또 다른 특징인 축제적 패턴에서도 잘 나타난다. 바버(C. L Barber)가 지적하는 것처럼 『햄릿』이전의 셰익스피어의 희극은 풍자적이기보다는 본질적으로 축제적이다(3-15). 이는 일상의 한계에서 해방되는 즐거움을 극화한 것이며, 따라서 극의 유머 속에 함축된 판단은 일차적으로 사회계급이나 유형간의 관계라기보다 인간과 자연간의 관계에 대한 것이다. 셰익스피어의 희극은 한마디로 해방을 통한 정화의 패턴을 갖는다. 이러한 축제적 패턴은 당시 엘리자베스 사회의 전통과 셰익스피어 이전의 예술 전통에서 그 기원을 찾을 수 있다. 엘리자베스 시대의 영국은 "쾌활한 영국"(Merry England)이라고 불릴 정도로 오락과 축제가 유행하였다. 모리스 춤, 칼춤, 축하연, 가장행렬, 무언극, 가면극, 등과 같은 여러 가지 형태의 오락과 게임, 그리고 볼거리가 결혼식, 성축절(Candlemas), 5월제, 성령강림절(Whitesuntide), 세례요한 축일, 크리스마스 등을 기념하여 벌어졌다.

셰익스피어는 이러한 축제의 정신을 『사랑의 헛수고』(*Love's Labor's Lost*), 『한 여름 밤의 꿈』, 『12야』 등에서와 같이 직접적으로 작품의 동기로 삼기도 하고, 그 외에 『좋으실 대로』와 같은 다른 작품들에서도 간접적으로 사용되고 있다. 『12야』에 등장하는 토비 경(Sir Toby)의 술잔치와 춤과 노래는 개인적인 성격으로 표현되지만, 결국 크리스마스 축제의 패턴을 따르는 것이다. 더구나 토비와 마리아, 그리고 광대 무리의 춤과 노래는 자칭 청교도인 말볼리오의 위선적인 태도와 대조를 이루며 그를 괴롭히고 놀리는 과정을 통해 광기에 가까운 축제적 분위기가 더욱 고조되는 것이다. 또한 『좋으실 대로』에서 프레드릭(Frederick)공작이 로잘린드(Rosalind)를 추방함으로써 그녀를 남성으로 변장하게 만들지만, 그녀가 올란도(Orlando)와 벌이는 가짜 구애행위는 자신의 정체와 성에서 해방되는 축제적 자유를 보여주는 것이다.

그리고 이러한 축제전통과 함께 셰익스피어의 희극에서 간과할 수 없는 것이 광대의 전통이다. 중세의 도덕극에 등장하는 "악역"(Vice)에서부터 맥을 이어온 광대역은 셰익스피어 당시에 기존질서에 대한 저항의 언행이 공인되어 있었고, 극단적인 상황까지 자유로운 전복을 시도하였다. 사실 셰익스피어의 최초의 뛰어난 희극적 장면들은 광대들을 위해 쓰여졌다. 하지만 『맥베스』와 『리어왕』과 같은 비극에서조차 우리는 광대의 존재를 찾아볼 수 있다. 물론 광대의 일차적인 역할은 플롯에 도움을 주기보다는 축제기분을 북돋는 일이었지만, 이러한 역할은 일상의 관습이나 질서로부터 벗어날 때 더욱 효과적이었던 것이다. 이러한 광대의 존재는 『12야』에서 올리비아(Olivia)의 어리석음을 지적하여 지혜를 뽐내기도 하고, 『리어왕』에서 리어의 어리석음을 훈계하여 삶의 진실을 가르치기도 하면서, 계급질서와 같은 현실적 한계로부터 벗어나서 관객들에게 즐거움과 해방감을 제공하였다.

3. 셰익스피어의 비극

흔히 셰익스피어의 비극은 고대 희랍의 "운명비극"과 구분하여 "성격비극"으로 불리는데, 셰익스피어의 비극을 이해하기 위해서 우리는 역시 비극의 개념 자체를 생각해 볼 필요가 있다. 일반적으로 비극은 드라마의 형태뿐만 아니라 특별한 사건이나 경험, 혹은 관점을 표현하기도 한다. 달리 말하자면, 흔히 교통사고와 같은 어떤 불행한 사건이나 무자비한 운명, 이해할 수 없는 재난을 우리는 비극이라고 부르기도 한다. 하지만 엄격한 의미에서 그것은 전통적인 서구문학 담론에서 말하는 비극이라 하기 힘들다. 미학적 의미에서 비극은 어떤 영웅적 비애와 위엄, 그리고 필연성의 요소가 포함되어야 한다. 모든 위대한 비극은 인간고통의 궁극적 원인에 대한 질문과 인간 속에 내재된 악의 근원, 그리고 파괴적이거나 혹은 우호적인 운명의 존재에 대한 것들을 다루고 있다. 비극은 이러한 혼돈스런 불확실성을 직면코자 하는 보편적 욕망의 표현이다.

비극의 내용은 일반적으로 노스롭 프라이(Northrop Frye)의 지적처럼 두 가지 이론으로 설명되어 왔다. 첫째는 비극이 인간의 노력으로 이해할 수 없는 외적 운명의 절대적 힘을 나타낸다는 것이다. 그리고 둘째는 비극이 어떠한 형태로든 개인의 비도덕적인 행위에 기인한다는 것이다. 하지만 이러한 두 이론은 사실 동전의 양면과 같이 서로 복합되어 있어서 어느 한 가지 이론만으로는 비극에 대한 설명이 충분치 못하다. 따라서 프라이는 비극을 다음과 같이 정의한다.

> Tragedy is a paradoxical combination of a fearful sense of rightness (the hero must fall) and a pitying sense of wrongness (it is too bad that he falls).(129)
>
> 비극은 (주인공이 파멸해야만 한다는) 정당성에 대한 공포와 (그가 파멸하는 것이 너무 심하다는) 비정당성에 대한 연민의 역설적 조화이다.

이는 도덕적인 책임과 절대적 질서 앞에 무력한 인간의 한계를 동시에 지적한 것이라 할 수 있다. 그런데 우리는 이러한 대립되는 비극의 양면성을 서구비극의 역사에서 찾아볼 수 있다. 즉, 희랍시대의 비극관과 중세 영국의 비극관이 그것이다.

고대 희랍의 비극관은 아리스토텔레스의 『시학』에서 찾아볼 수 있다. 아리스토텔레스에 의하면 비극은 인간의 삶과 행위에 대한 모방이며, 고귀한 신분의 주인공이 비도덕적인 악행이나 사악함 때문이 아니라 약간의 실수로 인해서 엄청난 불행과 고통을 겪는 일련의 패턴을 갖는다. 그리고 이러한 비극은 주인공의 고통과 불행에 대한 공포와 연민을 불러일으키고 결국 관객의 영혼을 정화시키는 효과를 갖게 한다는 것이다. 이러한 고대 희랍의 비극에 대한 정의는 영국의 중세 문학에서도 유사하게 나타난다. 비극에 대한 중세적 정의의 대표적인 인물은 『캔터베리 이야기』(*Canterbury Tales*)를 쓴 제프리 초서(Geoffrey Chaucer)이다. 그는 「수도사의 이야기」(The Monk's Tale)의 서문에서 비극을 다음과 같이 정의하고 있다.

> Tragedie is to seyn a certeyn storie,
> As olde bookes maken us memorie,
> Of hym that stood in greet prosperitee,
> And is yfallen out of heigh degree
> Into myserie, and endeth wrecchedly.(189)
>
> 비극은 한때 번영하던 자가
> 높은 지위에서 몰락하여서
> 비참한 지경에 빠져 처참한 종말을
> 맞이하는 사람에 관한 이야기이다.

이러한 정의는 아리스토텔레스의 정의와 유사하게 들리지만, 그 사상적 배경은 매우 다르다. 즉, 이교 전통의 희랍비극에서 가혹하고 무자비한 운명에 대결하다가 파멸하는 주인공의 행위가 영웅적으로 그려지는 반면, 기독교 전통에 입각한 초서의 비극 관에서는 세속적인 번영이나 지위가 모두 신의 섭리에 의한 것이기 때문에 오히려 선과 악, 그리고 죄의 문제가 두드러진다. 희랍비극에 나타나는 비극적인 결함은 인간의 무지, 인간 존재 상황의 나약함이라면, 중세 기독교 비극관이 규정하는 비극적 결함은 신의 뜻이나 도덕적 질서를 무시하고 개인의 야심을 추구하는 이기심이나 죄이다.

셰익스피어의 비극은 기본적으로 희랍의 비극론보다는 중세적 비극론을 바탕으로 하고 있다고 볼 수 있다. 특히 맥베스 같은 경우는 스스로 분명히 죄악임을 알고 있으면서도 자신의 개인적 야심을 위해 양심과 도덕질서를 어기는 죄를 범함으로써 비극적 운명을 초래하는 주인공으로 평가된다. 셰익스피어 비평에서 끊임없이 논의되는 비극적인 죄의 문제, 고통과 상실의 문제, 그리고 기독교적 구원의 문제 등은 이러한 측면을 반영하고 있다. 하지만 셰익스피어의 비극은 중세의 도덕극과 같은 종교극과는 구별되어야 한다.

디터 멜(Dieter Mehl)이 지적하는 것처럼 셰익스피어의 비극은 너무나 다양해서 어떤 일관성 있는 모델을 설정하기 어렵다.[2] 대부분의 비평가들이 셰익스피어의 비극들이 어떤 고정된 패턴을 따르지 않는다는 것에 동의하고 있다. 셰익스피어의 4대 비극—『햄릿』(*Hamlet*), 『오셀로』(*Othello*), 『리어왕』(*King Lear*), 『맥베스』(*Macbeth*)—은 서로 너무 달라 그들 모두에게 적용되는 어떤 것을 말한다는 것이 어렵다. 하지만 그렇다고 셰익스피어의 비극들이 개개의 작품들을 임의로 모아놓은 것과는 또 다르다. 셰익스피어의 비극들만이 갖는 공통적인 독특성이 있는 것이다. 다만 우리는 셰익스피어가 자신의 비극들에서 당시의 극작가들이 르네상스의 시대정신을 배경으로 새로운 실험극들을 많이 시도한 것과 같이 주제로부터 장면표현에 이르기까지 극의 형식과 내용에 있어서 새로운 시도를 했다는 점을 알 수 있다.

먼저 비극의 형식적인 측면을 고려해 볼 때 셰익스피어의 비극은 고대비극과 분명히 구별된다. 먼저 아리스토텔레스는 자신의 『시학』에서 비극과 희극을 엄격하게 구분했으며, 비극은 숭고하고 고귀한 문학형식이고 희극은 저질스런 것으로 정의하였다(49). 따라서 비극의 등장인물은 신분이 높아야 하고 말씨도 품위 있는 표현을 써야 했다. 반면에 희극의 등장인물은 신분이 낮고 저속한 표현을 사용하는 것이 당연하였다. 하지만 셰익스피어의 비극에는 아우얼바하가 "스타일의 혼합"으로 정의한 것처럼 희극적인 요소들이 뒤섞여 있으며[3], 등장인물들도 귀한 신분과 낮은 신분의 사람들이 서로 깊게 관련되어 나타난다. 가장 두드러지는 예는 『햄릿』에 등장하는 햄릿 왕

---

2) Dieter Mehl, *Shakespeare's Tragedies: An Introduction*의 서문 참조.

3) 에리히 아우얼바하, 『미메시스』 김우창, 유종호 역. (서울: 민음사, 1979) 16쪽 참조.

자와 무덤지기와의 대화이다. 이 장면에서 햄릿은 오히려 무덤지기로부터 인생에 대해 가르침을 받는다. 이렇듯 고대비극의 가장 기본적인 형식에 변화를 시도한 셰익스피어 비극의 특징은 그 다음으로는 아리스토텔레스의 비극형식에 중심이 되는 삼일치론을 무시하는 데서 나타난다. 즉, 그는 고대비극에서 운명의 역전, 진실의 발견, 비극적 파국으로 이어지는 플롯의 삼 요소인 행위, 시간, 장소의 일치를 무시하고 자유로운 형식을 추구하고 있는 것이다.

다음으로 내용의 측면에서 보면, 셰익스피어 비극의 특징은 운명의 힘이나 초자연적인 신과의 관계보다는 개인의 다양한 성격을 통한 인간본질의 탐구라고 할 수 있다. 사실 셰익스피어 비극에서 가장 중요하게 논의되어 온 것은 비극을 형성하는 주원인으로 평가되어 온 주인공의 성격이다. 셰익스피어의 4대 비극을 살펴볼 때, 이러한 논의는 상당부분 타당성을 갖는다. 『햄릿』에서는 주인공의 우유부단하게 보일 정도의 신중함과 내면적 갈등이, 『오셀로』에서는 주인공의 성급한 분노와 잔인한 성격이, 『리어왕』에서는 주인공의 무분별함과 성마름이, 그리고 『맥베스』에서는 주인공의 이기적이고 자기중심적인 성격이 각각의 극을 비극으로 몰고 가는 주요원인이 되는 것으로 평가된다. 하지만 이러한 분석은 셰익스피어의 비극을 단순히 심리학적 접근에만 국한시키는 것이 아니다. 또한 극 속에 나타나는 초자연적인 요소들이나 종교적인 측면을 무시하는 것도 아니다. 다만 자기내면에서 혹은 외부로부터의 파괴적인 힘과 갈등을 겪을 때, 셰익스피어의 주인공들의 불행이나 파멸이 초월적인 힘의 영향 때문이라기보다는 자신의 행동의 결과에서 비롯된다는 것이다. 신의 섭리나 운명 따위는 주인공의 파멸과 관련이 없다. 거의 대부분의 경우에 진정한 비극은 주인공의 경험, 즉 자기 자신이나 혹은 자신에게 가장 소중한 존재가 파멸되고 자신은 이 상실감을 직면해야 한다는 사실에서 야기되는 것이다. 그리고 이러한 개인의 성격문제는 주인공을 비극으로 몰고 가는 단순한 원인이 아니라, 내부 혹은 외부로부터의 파괴적인 힘과 갈등을 겪을 때 나타나는 인간의 본성과 존재의 본질에 대한 탐구로 이해되어야 한다.

하지만 셰익스피어 비극은 개인의 성격문제에만 국한되어 있지 않고 반드시 사회와의 연관성을 갖는다. 개인의 욕망과 사회의 요구 사이에서 겪는 갈등의 문제는 셰익스피어 비극에서 결코 간과할 수 없는 중요한 부분이다. 로미오와 줄리엣은 사회의 질서를 위협하는 가문싸움의 희생자이고, 햄릿 역시 덴마크의 왕자로써 그의 갈등과 고민은 덴마크 사회의 부패와 깊게 연관되어 있으며, 오셀로의 비극 역시 베니스 사회의 인종편견과 같은 사회적 문제와 분리시켜 생각할 수 없다. 이러한 현상은 희랍 비극에서도 찾아 볼 수 있는 현상인데,『오이디푸스 왕』에서 오이디푸스의 죄는 테베 전체의 고통과 재난을 초래할 정도이다. 따라서 셰익스피어 비극 역시 희랍 비극과 마찬가지로 수많은 사람들이 주인공의 운명에 직접 혹은 간접적으로 연관되어 있다.

기독교적 시각에서 보면 이러한 개인과 사회의 문제는 결국 도덕 질서의 문제이고, 셰익스피어 비극의 본질은 악의 세력에 의해 무너지고 와해된 도덕질서를 회복시키는 과정에서 생겨나는 고통과 희생이다. 하지만 셰익스피어의 비극은 중세의 도덕극과는 달리 도덕적인 평가나 적용을 독자에게 맡기는 열린 텍스트이다. 최근 비평가들이 셰익스피어 비극을 다양성, 복합성, 부정형성, 모호성 등과 같은 특징 때문에 찬양하고 있는 것도 이러한 맥락에서 이해할 수 있다. 이러한 사실은 셰익스피어의 비극이 시대를 초월하여 수많은 계층의 다양한 독자들에게 지속적인 인기를 얻고 있다는데서 잘 드러난다. 헌터(G. K. Hunter)는 셰익스피어가 서로 대립되는 요소들을 동시에 설정하고 다양한 가능성을 제시함으로써 독자가 누가 옳고 누가 그른지 판단할 수 없게 만든다고 주장한다(128). 셰익스피어는 이미 결정된 극적 사선이나 인물에 대한 평가를 제시하지 않고 오히려 우리에게 의심과 또 다른 생각을 불러일으키는 대립과 모순을 보여주는 것이다.

따라서 셰익스피어 비극의 결말은 결코 낙관적이지만은 않다. 우리는 『리어왕』에서 리어와 코딜리아의 죽음을, 『햄릿』에서 오필리아의 죽음을, 그리고 『오셀로』에서 데스데모나의 죽음을 생각해 볼 때, 셰익스피어의 비극세계가 "시적 정의"(poetic justice)와 같은 합리적인 질서를 회복한다고 말할 수 없다. 멕앨린던(McAlindon)이 『셰익스피어의 비극적 우주』(*Shakespeare's Tragic Cosmos*)에서 지적한 것처럼, 셰익스피어의 비극세계는 낙관적인 면과 비관적인 면을 동시에 수용하고 있다고 볼 수 있다.[4] 달리 말하면, 셰익스피어 비극은 중세의 "존재의 연쇄"(chain of being)와 같은 계급과 도덕질서를 지지하는 측면을 보여줌과 동시에 또한 그 반대 즉, 혼돈과 무질서의 사회현실을 나타내고 있는 것이다.

셰익스피어 비극이 나타내는 이러한 모호성과 양면성은 셰익스피어 당시 사회의 특징을 분명히 반영하고 있다. 셰익스피어 당시 영국 사회는 겉으로 나타나는 안정적 번영과는 달리 엄청난 변화와 갈등을 겪고 있었다. 도시 발달, 교육 확대, 자본주의와 개인주의 발달 등의 새로운 변화들은 기존질서에 커다란 위협을 주는 것이었다. 특히 기존 귀족 계층과 자본주의의 발달로 새롭게 부상한 자본가들 사이의 불편한 관계는 때로는 대립으로, 때로는 계급과 지위를 사고파는 정도까지 발전하는 혼합의 형태로 나타났으며, 빈부의 격차는 더욱 심해졌다. 새로운 자본 계층은 기존의 봉건 귀족 계층에 대항하는 세력이기도 하면서 또한 기존 권력 구조에 흡수되는 경향을 보인 것이다. 더구나 메리(Mary)와 엘리자베스(Elizabeth)여왕 간의 정치적 갈등과 함께 가톨릭과 신교의 갈등 속에서 기존 질서관이나 권위 체계는 심각한 위기에 처해 있었으며, 기존 질서관의 강조는 역설적으로 당시사회의 질서관이 얼마나 흔들리고 있는지를 반증하는 것이다.

---

4) T. McAlindon, *Shakespeare's Tragic Cosmos* 서문 참조.

그런데 지금까지 언급한 셰익스피어 비극의 다양성이나 실험성, 그리고 당시 사회적 배경과의 연관성 등은 희랍 비극이나 중세 비극과는 분명한 차이를 보이는 것이지만, 셰익스피어와 동시대 극작가들의 비극과의 변별성은 어디에서 찾을 수 있을까? 그것은 무엇보다도 셰익스피어 극이 갖는 시적 언어의 풍부함과 예리함, 인간의 본질을 꿰뚫어 보는 뛰어난 통찰력, 그리고 천재적인 다양한 극작법 등을 들 수 있다. 이는 실험정신은 뛰어 났지만 플롯이나 주제가 국한되어 있던 말로우(Christopher Marlowe)나 존슨(Ben Jonson), 그리고 다른 자코비언 극작가들과 같은 동시대 극작가들의 비극과 셰익스피어 비극이 다른 점이었다. 앞서도 지적하였지만, 셰익스피어 비극은 너무나 복합적이고 변화무쌍하여 어떤 하나의 분명한 패턴이나 주제로 설명할 수 없다. 다만 우리는 셰익스피어 비극에 동시에 나타나 있는 이상과 현실, 낙관론과 비관론, 질서와 혼돈, 회의주의와 기독교적 구원을 바라보면서, 자신의 시대에 속해 있으면서도, 그 시대를 뛰어넘어 보편적인 인간존재와 삶의 원리를 꿰뚫어 본 셰익스피어의 천재적 통찰력이 놀라울 따름이다.

4. 셰익스피어의 후기극

셰익스피어의 극작 말기에 쓰인 네 작품 『페리클레스』(*Pericles*), 『심벨린』(*Cymbeline*), 『겨울 이야기』(*The Winter's Tale*), 『태풍』(*The Tempest*)은 흔히 그의 극작 초기에 쓰여진 낭만희극들과 구별하여 로맨스(romance)라고 불린다. 초기희극과 로맨스는 장르상의 큰 범주로 보면 모두 희극에 속하지만 작품의 주요 내용과 형식에서 약간의 차이가 있는데, 이는 극의 주요인물들이 겪는 갈등과 불행의 깊이가 다르고 따라서 그것을 극복한 행복과 화합의 정도도 다르다는 점에서 기인한다. 초기 희극은 쾌활한 웃음과 축제적이고 낙관적인 분위기를 표현하는 반면, 로맨스 극들은 비록 행복한 결말에 이르지만 비극에 가까운 절망과 슬픔을 극복해야만 가능하다. 그리고 이러한 갈등과 불행을 극복하는 수단에서 로맨스는 초기 희극보다 훨씬 다양한 초자연적인 요소들을 도입하고 있다. 특히 기독교의 신이 아닌 그리스 로마 신화에 나타나는 이교의 신들, 마법이나 신비한 의술과 같은 초자연적인 요소들의 등장은 플롯의 논리적 이해를 뛰어넘어 희극적 결말을 유도하는 고대나 중세의 로맨스 작품과의 연관성을 추측 가능케 한다.

그런데 사실 셰익스피어는 자신의 후기극 4편을 로맨스로 부른 적이 없다. 스탠리 웰스(Stanley Wells)가 지적하듯이 셰익스피어 당대에 로맨스라는 용어가 있었지만, 당시 엘리자베스인들이 별로 사용치 않았으며 더구나 극작품을 묘사하는 데는 결코 사용되지 않았다(49). 따라서 셰익스피어의 후기극 4편에 붙여진 로맨스극이라는 명칭은 현대 비평가들이 분류한 것이다. 하지만 셰익스피어의 시대 이전에 쓰였던 수많은 로맨스 풍의 이야기들은 당시 사회에서 널리 퍼져 있었으며, 고전적인 3일치의 법칙을 고수했던 필립 시드니나 벤 존슨(Ben Jonson)과 같은 당대의 문학가들은 이러한 로맨스 풍의 이야기들을 경멸했다. 그 이유는 바로 로맨스 작품들이 갖는 비현실적이고 황당무계한 요소들 때문이었다. 아브람스(M. H. Abrams)는 중세 로맨스의 특징을 영웅적인 서사시와 구별되는 “기사도”와 “궁중의 사랑”으로 표현한다(24). 중세 로맨스의 기본적인 플롯은 귀부인의 사랑을 얻기 위해 한 기사가 벌이는 모험 이야기이며, 거기에는 무서운 괴물들과의 싸움, 주인공의 용기와 자비, 경이롭고 신비한 초자연적인 요소들이 포함되어 있다. 로맨스의 세계에서는 모든 것이 비현실적이고, 원인과 결과가 무시되며, 운이나 기회가 모든 것을 지배한다.

셰익스피어가 이러한 중세 로맨스의 전통을 자신의 극작품에 이용했다고 증명하기는 어렵다. 하지만 셰익스피어의 후기극 4편에 나타나는 요소들이 전통적인 로맨스의 특징들을 지니고 있음은 부인할 수 없다. 흔히 셰익스피어의 로맨스는 가장 가까운 인간관계, 즉 아버지와 자식, 남편과 아내 등의 가족 간의 이별과 분열을 포함하고 있으며, 종국적으로는 이들의 재결합과 화해를 그리고 있다고 평가된다(Stanley Well 50). 그리고 이러한 과정에서 죽은 자의 부활이나, 젊고 고귀한 남녀 주인공들의 사랑, 그리고 잃어버린 자녀들과의 재회 등의 요소들이 극의 모든 갈등과 불행을 해소하는 역할을 한다. 물론 재결합과 화합이라는 희극적 결말은 마법이나 신과 같은 초자연적인 요소들에 의해 가능하다.

후기극 4편중 가장 먼저 쓰여진 것으로 알려져 있는 『페리클레스』는 전통적인 로맨스의 특징을 가장 많이 담고 있는 것으로 평가받는다. 주인공 페리클레스가 바다 위에서 겪는 모험과 방랑 그리고 해설가 가우어(Gower)의 등장 등은 이러한 설명을 뒷받침한다. 하지만 다른 작품들과 공통되는 셰익스피어적인 로맨스의 특징은 페리클레스의 아내인 대이서(Thaisa)의 죽음과 회생, 그리고 딸 마리이너(Marina)와의 이별과 재결합에서 절정을 이룬다. 두 번째로 쓰여진 것으로 알려진 『심벨린』 역시 남편과 아내인 포스츄머스(Posthumus)와 이모진(Imogen)의 이별과 재결합, 그리고 잃어버린 두 아들 기데리어스(Guiderius), 아비라거스(Arviragus)와 심벨린 왕과의 재결합이 가장 중요한 플롯을 형성하고 있다. 세 번째 작품 『겨울 이야기』는 레온티즈(Leontes)왕의 질투로 인한 그의 불행을 그리고 있지만, 결국 아내인 허마이오니(Hermione)의 죽음과 부활, 딸 퍼디타(Perdita)와의 이별과 재결합, 그리고 젊고 아름다운 두 사람 퍼디타와 플로리젤(Florizel)의 사랑이 셰익스피어 풍의 로맨스 요소를 대변하고 있다. 셰익스피어의 후기극 중 마지막 작품으로 알려진 『태풍』은 앞의 세 작품과는 상당히 다른 특징을 보여준다고 할 수 있다. 『태풍』의 세계는 주인공 프로스페로(Prospero)의 마법이 지배하는 곳이고 꿈속과 같은 환상의 세계이다. 하지만 이 작품에서도 역시 우리는 젊은 두 연인 미란다(Miranda)와 퍼디난드(Ferdinand)의 사랑, 알론조(Alonso) 왕과 아들 퍼디난드의 이별과 재결합, 그리고 복수와 증오를 극복한 프로스페로의 용서와 화합의 메시지를 찾을 수 있다.

이러한 가족 간의 이별과 재결합이라는 셰익스피어 특유의 로맨스 세계는 그것이 위대한 비극의 시기이후에 쓰여졌다는 점에서 더욱 주목받는다. 많은 비평가들은 셰익스피어의 로맨스를 비극을 넘어서고 극복한 새로운 형태의 낭만극으로 평가하여, 비극적 비전의 확장, 실험정신, 그리고 자연과 인간에 대한 성숙한 인식을 나타내는 심오한 장르로 여겨져 왔다. 프라이(Northrop Frye)는 결말 장면이 두드러지게 사회적이라는 점에서 로맨스가 희극과 차이가 있다고 지적한다(38). 즉, 로맨스는 공동체의 재결합을 특히 강조하고, 소외되었던 인물들이 화해를 이룬다는 것이다. 이는 로맨스가 인간과 세계에 대한 통찰이 번득이는 비극의 세계이후에 셰익스피어가 삶에 대한 비극적 인식의 한계를 극복한 자연스런 결과의 산물이라는 긍정적 시각에서 비롯한다. 물론 셰익스피어는 당시에 널리 퍼져있었던 고전 로맨스 이야기들의 영향을 받아 대중적 인기를 의식하여 로맨스 전통을 자신의 극에 이용했을 수도 있다. 하지만 고전 로맨스의 전통을 그대로 이어받았다는 『페리클레스』에서부터 시작하여 『태풍』에 이르기까지 그의 로맨스적 비전의 발전은 이러한 긍정적 평가를 가능케 해왔다.

그러나 우리는 셰익스피어의 후기극 4편에 로맨스적인 요소 외에 또 다른 요소가 있다는 사실을 기억해야 한다. 이는 지금까지 언급해 온 후기극 4편이 로맨스로 불리기도 하지만, 다른 한편으로는 희비극(tragicomedy)으로 분류되기도 한다는 점이다. 비평가들이 후기극을 로맨스로 분류할 때는 극 속에 나타난 희극적 전환과 낭만성, 그리고 화해와 재결합과 같은 행복한 결말에 초점을 맞춘 것이다. 하지만 희비극으로 분류할 때는 행복한 결말로 온전히 치유하거나 회복할 수 없는 비극적 요소들에 초점을 맞춘다. 『페리클레스』에서 비록 주인공 페리클레스가 아내, 딸과 재결합을 하지만 그가 아무런 이유도 없이 당한 고통과 잃어버린 세월을 온전히 보상할 수는 없다.

『심벨린』과 『겨울이야기』에서도 이모진과 허마이오니가 남편의 사소한 질투와 오해로 인해 당하는 고통과 잃어버린 세월을 온전히 회복할 수는 없다. 또한 『태풍』에서는 프로스페로의 용서와 자비 속에서도 마음을 뉘우치지 않는 안토니오(Antonio)와 세바스찬(Sebastian)의 사악함과 극의 결말에 사라져버리는 마법의 섬에 대한 환상은 역으로 현실세계의 비극성을 반증하기도 한다. 따라서 셰익스피어의 후기극은 보는 관점에 따라서 로맨스로도 희비극으로도 분류될 수 있는 이중성을 지니고 있다.

셰익스피어의 후기극이 고대나 중세의 로맨스 작품과 구별되는 가장 중요한 점이 바로 여기에 있다. 고전 로맨스의 주인공들은 모험과 역경을 겪지만 그들의 용기와 지혜로 이를 극복하고 사랑과 행복을 구한다. 그리고 그들이 당하는 불행과 역경은 그다지 절망적이지 않고, 처음부터 비현실적이고 허구적인 상황 속에서 플롯이 전개되기 때문에 독자가 순수하게 오락적인 흥미를 가지고 접할 수 있다. 하지만 셰익스피어의 후기극들은 그렇지 않다. 후기극에 등장하는 주인공들은 비록 왕이나 군주와 같은 최고의 권력자들이지만 그들에게서 어떤 영웅적 용기나 지혜를 찾아보기 어렵다. 그들은 평범한 인간들이 겪을 수 있는 실수를 하고, 그들이 겪는 고통과 불행은 가족간의 문제이기 때문에 지극히 현실적이다. 더구나 후기극들의 상황설정이 『태풍』을 제외하고는 처음부터 비현실적이지 않고, 그들이 겪는 불행과 고통이 너무나 절망적이어서 신들의 개입으로 인한 갑작스런 반전이 오히려 로맨스의 허구성을 패러디 하는 것으로 여겨지기도 한다. 이와 같이 셰익스피어의 후기극의 세계는 로맨스의 특징을 갖고 있으면서도, 동시에 로맨스의 비현실성에 대한 회의적인 시각도 반영하고 있다고 하겠다.

5. 셰익스피어 비평

셰익스피어 극에 대한 비평은 크게 텍스트 비평과 공연 비평 두 종류로 나뉠 수 있다. 그것은 드라마라는 장르가 갖는 독특성에서 기인하는 것인데, 드라마는 소설이나 시와 같은 다른 장르의 문학 작품들처럼 텍스트의 형태로 독자들을 매료시키기도 하지만 공연이라는 또 다른 형태로 표현되기 때문에 공연 비평까지 포함하여 비평의 범위가 더욱 넓은 셈이다. 최근에는 문학 작품을 영화로 재현하는 시도들이 많아지면서 새로운 비평의 영역이 생겨나고 있는 것도 주목할 일이다. 사실 셰익스피어가 활동하던 시대는 독자를 대상으로 하는 텍스트보다는 오히려 관객을 대상으로 하는 공연이 훨씬 큰 비중을 차지했기 때문에, 대중적인 연극 공연을 진지한 예술 작품으로 여겨 그 의미를 파악하려는 비평적 접근은 거의 없었다고 해도 과언이 아닐 것이다. 하지만 그의 사후부터 서서히 시작된 그의 텍스트 작품과 공연에 대한 비평들은 인류 문학사상 가장 방대한 비평적 시도들을 이끌어내었고, 앞으로도 계속해서 지속될 것으로 여겨진다.

셰익스피어의 작품에 대한 비평적 접근이 시작된 것은 그의 사후 전 작품을 수록한 2절판(Folio)이 등장하고 난 이후라고 할 수 있을 것이다. 그리고 1660년대부터 본격화된 셰익스피어 비평은 그와 동시대 작가이면서도 작품 세계가 전혀 다른 벤 존슨(Ben Jonson)과의 비교로부터 시작되었다. 리처드 플랙노(Richard Flecknoe)는 『영국 무대에 대한 짧은 의견』(*Short Discourse of the English Stage*)(1664)에서 셰익스피어와 존슨의 차이를 "자연과 예술의 차이"(the difference between Nature and Art)라고 정의했다. 이는 존슨의 작품이 엄격한 형식과 규칙을 지키고 있는 반면에, 셰익스피어의 작품은 형식이나 규칙을 무시하고 자연스러운 감정을 표현하고 있음을 지적한 말이다. 이러한 존슨과의 비교는 존 드라이든(John Dryden)에게서 더욱 발전되는데,

그는 『극작품에 관한 에세이』(*Essay of Dramatic Poesy*)에서 존슨을 "더 욱 정확한 작가"(the more correct poet)로 평하지만, 셰익스피어는 "더 훌륭한 재치와 상상력을 지닌 작가"로 평하고 있다(639). 따라서 그는 셰익스피어를 호머(Homer)에 비유하는 반면에, 존슨은 버질(Virgil)에 비유하고 있다. 드라이든의 평가는 다음의 표현으로 분명하게 대변된다고 할 수 있다. "난 존슨을 존경하지만, 셰익스피어는 사랑한다."(639)

이처럼 셰익스피어를 존슨과 비교하는 비평적 접근은 신고전주의적 지적 배경에서 비롯된 것이었고, 이러한 비평적 흐름은 19세기 낭만주의 시대에 이르기까지 계속해서 지속되었다. 최초의 셰익스피어 비평서인 『셰익스피어의 천재성과 작품에 대한 에세이』(*Essay on the Genius and Writings of Shakespeare*)(1712)를 출간한 존 데니스(John Dennis)는 엄격한 신고전주의자로서 셰익스피어 작품에 고전적 형식이 부족함을 안타까워했다. 그렇지만 그는 셰익스피어를 비극을 창조한 작가들 중에 가장 위대한 천재 중의 한 사람으로 여겼고, 만약 셰익스피어가 고전 교육을 받았더라면 훨씬 더 위대한 작가가 되었을 것이라고 생각했다. 사뮤엘 존슨(Samuel Johnson) 역시 신고전주의적 시각을 가지고 셰익스피어를 접근했으며, 시대착오적 표현, 느슨한 구성, 불분명한 스타일, 그리고 도덕적 관점에서 선악의 모호한 구분 등을 셰익스피어의 훌륭함 가운데 산재하는 결점으로 여겼다. 그는 다른 비평가들과는 달리 셰익스피어의 천재성이 비극보다는 희극에 더 적합하다고 여겼으며, 펀(pun)과 같은 셰익스피어의 말장난을 그의 치명적인 단점으로 보았다.

하지만 기존의 관습이나 규칙으로부터 탈피하여 이상과 개인의 상상력을 중시했던 낭만주의 시대에 이르러 셰익스피어에 대한 평가는 달라지기 시작했다. 고전적 형식을 무시하고 도덕적 모호성을 지닌 셰익스피어의 스타일이 오히려 찬양과 연구의 대상이 되었다. 예를 들어 『한여름 밤의 꿈』(*A Midsummer Night's Dream*)과 같은 작품은

18세기동안에는 방종한 작품으로 외면당했고 사뮤엘 존슨은 거칠고 터무니없는 작품이라고 혹평했지만, 낭만주의자들은 이 작품의 환상적인 요소들을 완전히 재평가했다. 이 시대에는 도덕적 관점에서 악당으로 비난의 대상이 되었던 셰익스피어의 인물들이 오히려 영웅적인 인물로 부각되기도 하였다. 낭만주의 시대 셰익스피어 비평의 대표적인 인물이라고 할 수 있는 사뮤엘 테일러 코울리지(Samuel Taylor Coleridge)는 등장인물들의 심리 연구에 주목하였으며, 그들의 행위를 유발하는 심리적 동기를 자신의 비평에서 다루었다. 이아고를 "동기 없는 악당"(motiveless villain)이라고 부르는 등, 이아고와 햄릿의 심리적 동기에 대한 그의 평가는 현대까지도 잘 알려져 있다. 또한 코울리지는 셰익스피어 연구를 그의 텍스트에 초점을 맞추고, 공연을 신뢰하지 않았다. 이러한 특징은 시각적 장면보다는 상상력을 중시하는 낭만주의적 특징에서 유래하는 것이라고 볼 수 있을 것이다. 1875년에 『셰익스피어의 심리와 예술』(*Shakespeare, his Mind and Art*)을 쓴 에드워드 도우든(Edward Dowden)은 셰익스피어의 작품들을 일종의 작가의 심리적 자서전으로 분석하였다. 한편 극작가 조지 버나드 쇼(Geroge Bernard Shaw)와 같은 인물은 18세기 중반 이후부터 조성되어온 무조건적인 셰익스피어 숭배 사상(bardolatry)을 비판하기도 하였다.

이러한 낭만주의적 접근을 거쳐 20세기 초반에 셰익스피어 연구에서 주목할 만한 업적을 이루어낸 사람은 A. C. 브래들리(Bradley)였다. 1904년 출간된 『셰익스피어 비극』(*Shakespearean Tragedy*)에서, 브래들리는 셰익스피어의 4대 비극—『햄릿』(*Hamlet*), 『오셀로』(*Othello*), 『리어왕』(*King Lear*), 『맥베스』(*Macbeth*)—을 철저한 인물 분석을 통해 재조명하였다. 대부분의 셰익스피어 비평가들이 어느 정도는 인물 연구를 포함하지만, 브래들리처럼 철저하게 광범위하고 심도 있는 분석은 없었다. 그는 등장인물의 비극적 행위가 그의 성격에서 유래하는 것이라고 주장했으며, 악당의 악행도 그의 성격과 불가분의 관계를 갖는다고 설명했다. 특히 그는 등장인물들의 심리적 동기를 철저히 연구하였으며, 자신의 기준을 적용해 그들이 마치 실제 살아있는 인물들인 것처럼 분석하여 심지어는 셰익스피어의 인물설정의 오류를 지적하기까지 하였다. 이러한 브래들리의 인물 연구는 현재까지도 셰익스피어 비평에 중요한 영향을 미치고 있지만, 그에 대한 비판이 없었던 것은 아니다. A. B. 워클리(Walkley)는 1905년 발간된 *Times Literary Supplement*에서 브래들리가 무대에서의 배역을 마치 무대 밖에서 살아있는 사람들의 전기를 다루듯이 분석하는 오류를 범했다고 비판하였다. L. C. 나이츠(Knights) 역시 1933년 발행된 소책자 『맥베스 부인은 자식을 몇 명이나 두었나?』(*How Many Children Had Lady Macbeth?*)를 통해서 브래들리의 인물분석을 패러디하였고, 그가 문학보다도 인물을 더 중요시함으로써 비극의 의미를 왜곡시켰다고 불만을 터뜨렸다.

20세기 현대 비극 비평

브래들리의 인물 비평 이후 셰익스피어 비극 비평에서 두드러지는 인물은 G. 윌슨 나이트(Wilson Knight)이다. 그는 『불의 바퀴』(*The Wheel of Fire*)(1930)와 『최고의 주제들』(*The Imperial of Themes*)(1931)에서 9편의 비극을 다루었는데, 인물보다는 주제에 초점을 맞추어 분석하였다. 물론 나이트는 여러 측면에서 다양한 시도를 하였지만, 브래들리의 영향을 벗어나지 못했다고 평가된다. 나이트의 주제 비평은 지금까지도 지배적인 영향을 미치고 있지만, H. B. 찰튼(Charlton) 같은 비평가는 나이트의 시각을 격렬하게 반박하였다.

그러는 동안 1930년대에 캐롤라인 스퍼전(Caroline Spurgeon)은 셰익스피어의 작품에 등장하는 모든 이미지들을 체계적으로 정리함으로써 셰익스피어 극의 이미지 연구에 크게 기여하였다. 그리고 이러한 방법은 비극 작품에 잘 적용되었다. 『햄릿』에서의 질병 이미지,

『맥베스』에서의 맞지 않는 옷을 입은 사람의 이미지, 『리어왕』에서 고문당하는 육체의 이미지는 셰익스피어 연구에서 중요한 의미를 부여하였다. 이러한 이미지 연구는 그 후 W. H. 클레멘(Clemen)의 『셰익스피어 이미저리의 발전』(*The Development of Shakespeare's Imagery*)(1951)을 비롯하여 로버트 B. 헤일만(Robert B. Heilman)의 『거미집 속의 마법』(*Magic in the Web*)(1956) 등의 연구를 통해 더욱 확대되어 나갔다.

셰익스피어 비극 비평의 또 다른 분야는 바로 드라이든과 사뮤엘 존슨이 유감으로 여겼던 셰익스피어 특유의 말장난 표현이었다. 윌리엄 엠슨(William Empson)은 『일곱 가지 유형의 모호함』(*Seven Types of Ambiguity*)(1930)과 『복잡한 단어들의 구조』(*The Structure of Complex Words*)(1951)에서 셰익스피어의 말장난을 옹호하고 이를 체계적으로 분석하였다. M. M. 마후드(Mahood) 역시 『셰익스피어의 말장난』(*Shakespeare's Wordplay*)(1957)에서 그의 모호하고 다의적인 언어 사용을 연구하였다.

그러는가 하면 일부 비평가들은 극장에서 공연되는 셰익스피어 작품에 관심을 가져 배우들의 연기나 공연에 관련된 요소들을 분석 비판하였다. 마빈 로센버그(Marvin Rosenberg)는 『오셀로의 가면들』(*The Masks of Othello*)(1961), 『리어왕의 가면들』(*The Masks of King Lear*)(1972), 그리고 『맥베스의 가면들』(*The Masks of Macbeth*)(1978)에서 각 역할들이 어떻게 연기 되었는가 뿐만 아니라 문학적 해석과 무대 공연의 상호 작용에 대해서 매우 상세하게 연구하였다. 할리 그랜빌 바커(Harley Granville-Barker)는 현대 무대에서 셰익스피어의 비극들을 어떻게 연출할 것인가 조언하는 짧은 글들을 써냈다.

비극의 구조에 관한 연구는 엠리스 존스(Emrys Jones)의 『셰익스피어의 장면 형식』(*Scenic Form in Shakespeare*)(1971)과 마크 로즈(Mark Rose)의 『셰익스피어의 디자인』(*Shakespearean Design*)(1972)을 통해 이루어졌다. 이들은 셰익스피어의 극들이 막보다는 장면들을 통해서 구성되어졌다고 주장하였다. 로즈는 『햄릿』의 구조에 대해 매우 탁월한 분석을 해내었으며, 존스는 다른 4편의 비극 작품들의 구조에 대한 분석을 시도하였다. 극적 형식에 대한 연구로 가장 두드러지는 인물은 셰익스피어와 엘리자베스 시대극들에 대해 수많은 연구를 한 뮤리엘 브랫브룩(Muriel Bradbrook)이었다. 브랫브룩은 셰익스피어 극들의 역사적, 사회적, 무대 배경을 설명하면서 극 중에 등장하는 화려한 볼거리들의 긍정적 가치를 분석하였다.『장인 셰익스피어』(*Shakespeare the Craftsman*)(1969)와『당대의 시인 셰익스피어』(*Shakespeare the Poet in His World*)(1978)가 셰익스피어의 비극에 대한 기억할만한 그녀의 저작이다.

시어도어 스펜서(Theodore Spencer)와 같은 비평가는『셰익스피어와 인간의 본성』(*Shakespeare and the Nature of Man*)(1943)에서 그의 비극들이 코페르니쿠스(Copernicus), 마키아벨리(Machiavelli), 그리고 몽테뉴(Montaigne) 와 같은 르네상스 과학자, 철학자들의 충격적인 주장에 영향을 받아서 쓰여졌다고 주장한다. 기존의 신 중심의 고정 관념을 완전히 뒤엎는 인간 중심의 새로운 사고에 영향을 받아 생겨난 기존 질서에 대한 회의적 사고가 비극적 인식을 가능케 하였다는 주장이라고 볼 수 있다. 이러한 시각은 위의 철학자들의 영향으로 진리의 상대성과 도덕의 이중성 등이 중요한 이슈로 부각되었던 당대 상황이 셰익스피어를 포함한 자코비안 비극에 나타나는 비극적 인식에 영향을 미쳤을 것이라고 설명하는 사이러스 호이(Cyrus Hoy)의 주장에서도 찾아 볼 수 있다(49).

20세기 현대 희극 비평

20세기의 셰익스피어 비평가들은 비극보다는 희극 연구에 더 소홀해 온 것이 사실이다. 이는 물론 삶의 고통이나 슬픔을 웃음이나 행복보다 더 심오하고 중요한 것으로 여기는 문화적 전통에서 연유한 것이라고 할 수 있을 것이다. 비극을 설명하는 용어로 희극을 설명하는 것은 쉽지 않았기 때문에 비평가들은 셰익스피어의 희극을 진지하게 받아들일 수 있는 관점이나 시각을 개발하거나 재발견해야만 했다. 비극 비평에서 주로 강조점이 주어졌던 인물 비평은 희극에서는 별로 중요한 연구 대상이 되지 못했다. 또한 희극 비평은 초기의 낭만 희극과 중기의 문제극, 그리고 후기의 로맨스 극들을 서로 관련짓는 문제가 있었다. 따라서 희극이라는 장르 자체를 새롭게 재발견하는 작업이 필요했던 것이다.

희극의 구조에 관한 연구에서 두드러지는 인물은 단연 노스롭 프라이(Northrop Frye)이다. 그는 개개 작품의 세세한 내용보다는 작품들 사이의 관계에 더 관심이 있었고, 『비평의 해부』(*Anatomy of Criticism*)(1957)에서 이러한 연구를 통해 셰익스피어 희극의 패턴을 분석해 내었다. 1976년에는 로맨스의 작품 세계를 분석한 『세속적인 경전』(*The Secular Scripture*)을, 그리고 1983년에는 문제극들을 분석한 『구원의 신화』(*The Myth of Deliverance*)를 써냈다. 프라이의 작업은 날카로운 균형을 갖추고 있으면서도 계속해서 변하는 특징을 지니고 있었다. 따라서 그의 분석은 희극에 쉽게 적용할 수 있는 공식을 제공하지는 않았지만, 희극을 바라보는 적합한 관점을 제공하였다. 프라이는 희극을 이끄는 힘을 "정체성을 향한 움직임"(a drive toward identity)으로 정의했다(118). 그리고 셰익스피어의 희극 결말에 이루어지는 결혼은 개인과 공동체 모두가 정체성을 획득했다는 표시이며, 희극의 플롯은 "불합리한 법에서 축제"(from irrational law to festivity)를 향해 움직인다고 그는 주장했다(115). 또한 셰익스피어의 희극 플롯은 등장인물들을 기존의 사회에서 그들의 잠재력이 해방되는 "녹색 세계"(green world)로 이끌고 마침내는 녹색 세계와의 접촉을 통해 새롭게 변화된 사회로 다시 돌아오게 한다고 설명했다(*Anatomy* 163-164).

프라이와 함께 셰익스피어 희극의 구조와 체계에 대해 주목할 만한 연구를 이룬 인물은 G. 윌슨 나이트(Wilson Knight)이다. 나이트는 비극을 주된 연구대상으로 삼았지만, 『삶의 왕관』(*The Crown of*

Life)(1947)과 『셰익스피어의 태풍』(*The Shakespearean Tempest*)(1932) 등에서 희극을 다루었다. 그는 셰익스피어의 희극 작품들에 나타난 상징들을 이분법적으로 구분하여 해석하였는데, 태풍의 상징을 음악과의 대립으로, 증오의 주제를 사랑과의 대립으로 설명하였다. 이러한 나이트의 비평 방식은 구조주의 비평의 기본적인 접근방식이었다. 그리고 그가 희극 작품들 속에서 발견하는 상징적 구성은 인간의 품성을 다양한 측면들을 나타내는 것이었다. 따라서 이러한 차원에서 본다면, 나이트의 비평은 심리 비평의 발전에도 영향을 미쳤다고 볼 수 있을 것이다.

셰익스피어 희극 비평에서 프라이나 나이트와 함께 가장 지대한 영향력을 끼친 또 다른 비평가 중의 한 사람은 바로 C. L. 바버(Barber)이다. 그는 셰익스피어 비평가들 중에서 인류학적인 통찰력을 이끌어내는데 가장 성공한 인물이었다. 1957년에 출간된 『셰익스피어의 축제 희극』(*Shakespeare's Festive Comedy*)에서 바버는 희극에 나타나는 농신제 패턴을 실제 영국의 휴일과 사회적 관습, 특히 5월제 놀이(May games)와 축제의 혼란스런 분위기와 연관시켰다(16-23). 바버의 비평은 프라이의 비평과 유사성을 갖고 있지만, 바버는 셰익스피어의 희극 작품 속에서 화합과 변화를 향한 움직임보다는 상대적으로 무정부주의적이고 반 권위적인 충동을 더 강조하였다. 바버의 연구는 역사적, 심리적 통찰뿐만 아니라 인류학적 통찰도 문학과 사회의 복잡한 상호연관성을 밝혀내는데 도움을 줄 수 있다는 점을 보여주었다.

바버와 거의 동시대에 낭만 희극에 대한 본격적인 연구로 잘 알려진 인물은 H. B. 찰튼(Charlton)이다. 그는 1938년에 『셰익스피어 희극』(*Shakespearean Comedy*)을 출간했으며, 프라이 이후의 대부분의 비평가들과는 달리, 희극과 로맨스를 엄격하게 구별하였다. 그는 엘리자베스 시대 희극의 역사는 로맨스와 타협하는 것을 꺼리는 희극의 이야기라고 설명했다(23). 찰튼에 따르면, 셰익스피어는 중세 로맨스를 벗어나 자신만의 희극을 창조하는 것을 배워야했다. 찰튼 이후에 낭만 희극에 주목한 사람은 존 러셀 브라운(John Russell Brown)이었다. 『셰익스피어와 그의 희극들』(*Shakespeare and His Comedies*)(1957)에서, 브라운은 종잡을 수 없는 내용들보다는 극적 행위와 언어를 통해 다양하게 표현된 희극적 아이디어를 부각시키려 노력했다. 또한 그는 희극적 형식에 대한 셰익스피어의 다양한 실험 정신을 강조하였다. 이는 비극은 실제 삶의 직접적인 반영이라는 가정이 통하지만 희극은 그러한 가정을 적용하기 힘든 장르라는 점을 고려할 때, 낭만 희극은 자연을 향해 거울을 갖다 대는 대신에 다른 대상을 찾는 노력을 기울여야 했다는 점을 반영해준다.

그런데 희극적 전통은 극장이나 장르 이론과는 다른 방향에서 접근될 수 있는데, 일부 비평가들은 셰익스피어 희극의 중세적 전통, 특히 희극적 플롯의 기독교적 요소를 강조하였다. 로버트 G. 헌터(Robert G. Hunter)는 『셰익스피어와 용서의 희극』(*Shakespeare and the Comedy of Forgiveness*)(1965)에서 전통적인 행복한 결말이 관객들에게 실수나 범죄를 용서하도록 요구한다고 설명했다. 그는 셰익스피어가 죄, 회개, 그리고 용서로 이어지는 신학적 패턴을 반영하는 중세적이고 기독교적인 전통을 따르고 있다고 주장하였다(8). 네빌 코그힐(Nevill Coghill) 역시 중세 기독교 로맨스의 전통을 따르고 있는 셰익스피어의 형식이 고전적이고 풍자적인 벤 존슨의 형식과 구별된다고 설명하였다. 하지만 셰익스피어의 희극이 위대한 것은 그가 희극의 전통을 따르고 있기 때문이 아니라, 그 전통을 더욱 다변화시키고 확장시키기 때문이다.

셰익스피어의 희극 비평에서 놓치지 말아야 할 또 다른 영역이 있다면 그것은 바로 심리 비평이다. 리처드 휠러(Richard Wheeler)는 『셰익스피어의 발전과 문제 희극들』(*Shakespeare's Development and the Problem Comedies*) (1981)에서 프로이드 이후의 심리분석 이론을 끌어들이고 있다. 그는 희극작품에 심리학을 흥미롭게 적용시킨 몇몇 비평가들 중의 한 사람이다. 부모, 자녀, 형제들의 이별과 재결합과 같은 가족의 문제와 동시에 타인과의 관계를 통해 자신의 정체성에 대한 끊임없는 탐구를 중심 주제로 삼는 셰익스피어의 희극들은 정신분석 비평을 얼마든지 가능케 한다. 일부 새로운 심리분석 비평은 페미니즘 비평과도 서로 연관을 맺는 추세이다.

20세기 현대 사극 비평

20세기 들어 셰익스피어의 사극에 대한 비평적 접근은 크게 세 가지 분야 정도로 구분된다고 할 수 있다. 첫 번째 접근 방식은 셰익스피어의 사극 작품에 나타난 애국심을 분석하는 것이다. 사극 작품들이 모두 영국 역사, 그것도 셰익스피어가 살던 당대에서 그다지 멀지 않은 영국의 역사를 다루고 있다는 점에서 이러한 접근 방식은 나름대로의 설득력을 지니고 있었다. 두 번째 접근 방식은 사극 작품에 나타난 정치적 역학 관계에 주목하는 것이었다. 그리고 이런 정치학의 문제는 과거 정치를 통해 현재의 정치적 교훈을 얻고, 또한 현재의 정치적 상황을 사극을 통해 반영, 재현하는 것에 대한 연구를 포함한다. 세 번째 접근 방식은 사극들 간의 연관성을 연구하는 것이다. 셰익스피어의 영국 사극들이 연대기 순으로 쓰이지 않고 후대의 왕들이 먼저 다루어진 점이나 첫 번째 4부작과 두 번째 4부작 사이의 연관 관계 등이 논란의 대상이 될 수 있으며, 역사를 신의 섭리로 설명하는 섭리적 역사관과 이와 반대로 인간의 행위와 그 결과에 주목하는 마키아벨리적 역사관이 이를 설명하는 주요 방법론으로 사용된다.

셰익스피어의 사극을 애국적 드라마로 보는 시각은 20세기 중반까지 지속되었으며, 제 1, 2차 세계대전 동안에 더욱 두드러졌다. 펠릭스 E. 셸링(Felix E. Schelling)은 『영국 연대기극』(*English Chronicle Plays*)(1902)에서 셰익스피어의 사극들과 다른 극들을 포함하여 작품 속에 드러나는 민족주의를 고취하는 애국적 열정을 분석하는데 주력하였다(2). 이처럼 민족주의를 강조하는 시각으로 셰익스피어의 사극을 분석한 연구들로는 J. A. R. 매리옷(Marriott)의 『셰익스피어의 영국 역사』(*English History in Shakespeare*)(1918), H. B. 찰튼(Charlton)의 『셰익스피어, 정치학과 정치가들』(*Shakespeare, Politics and Politicians*)(1929), 윌슨 나이트의 『올리브와 검』(*The Olive and the Sword*)(1944), 그리고 도버 윌슨(Dover Wilson)의 『폴스타프의 운명』(*The Fortunes of Falstaff*)(1943), 등이 있다.

이러한 애국심에 관한 연구는 제 2차 세계대전 이후부터 점차 쇠퇴하고, 사극에 대한 정치적 접근이 주로 이루어졌다. E. M. W. 틸야드(Tillyard)의 『셰익스피어의 사극들』(*Shakespeare's History Plays*)(1944)은 애국심의 중요성도 인정하지만, 사극에 드러난 정치학과 연속되는 사극들 간의 조화에 관심의 초점이 맞추어졌다. 또한 찰튼은 사극들을 왕권에 대한 연구로 여겼으며, 릴리 B. 캠벨(Lily B. Campbell)은 『셰익스피어의 사극들』(*Shakespeare's Histories*)(1947)에서 역사를 당대 정치를 비추어주는 거울로 사용하였다. 그는 각 사극을 정치적 맥락에서 분석하였는데, 『리처드 2세』(*Richard II*)는 왕의 폐위에 관한 문제, 『헨리 4세 1, 2부』(*1, 2 Henry IV*)는 반역에 관한 문제를 연구한 작품으로 간주하였다(211). 그리고 이러한 연구를 통해서 이들이 부각시켰던 셰익스피어의 이미지는 당대 튜더 왕조의 정치사상을 선전하고 대변하는 교훈적인 극작가였다.

하지만 이러한 캠벨과 틸야드의 시각은 그 후 비평가들에 의해서 공격의 대상이 되었다. 후기 비평가들은 셰익스피어의 사극에서 중요한 정치적 문제들에 대한 엘리자베스 시대 논쟁을 반영하는 회의주의, 갈등, 그리고 모호함을 발견하였다. 이러한 연구에는 어니스트 윌리엄 탤버트(Ernest William Talbert)의 『질서의 문제』(*The Problem of Order*)(1962), 그리고 윌버 샌너스(Wilbur Sanders)의 『극작가와 통용되는 관념』(*The Dramatist and the Received Idea*)(1968), 그리고 무디 E. 프라이어(Moody E. Prior)의 『권력의 드라마』(*Drama of Power*)(1973)가 있었다. 캠벨과 틸야드를 공격했던 또 다른 부류의 비평가들은 셰익스피어의 독립성을 주장하면서 드라마와 정치사상 사이의 차이를 주장하였다. 이들은 신비평(new criticism)의 영향으로 작품에 나타난 이미저리, 어조, 모호성 등을 강조했다. 이러한 시각을 대표하는 비평가가 바로 A. P. 로시터(Rossiter)였다. 대표적 연구서인 『뿔 달린 천사』(*Angel with Horns*)(1953)에서, 로시터는 셰익스피어의 사극 작품들 속에 나타난 지배적인 정치 질서를 혼란케 하는 아이러니와 모호함을 연구 분석하였다. 그리고 L. C. 나이츠(Knights)와 노만 랩킨(Norman Rabkin) 같은 비평가들은 셰익스피어의 사극을 단순히 튜더 왕조의 정치사상을 묘사한다는 시각에 반대했을 뿐만 아니라, 사극의 주제를 정치에만 국한시키는 시각에도 반대하였다. 그들은 역사와 정치에 대한 셰익스피어의 보편적 인식에 주목하였다.

최근 비평 시각

최근 셰익스피어 연구는 국외뿐만 아니라 국내에서도 권력과 주체에 관한 푸코(Foucault)의 연구 영향을 받아 시공을 초월한 문학작품의 의미와 구조를 부정하고, 문학 작품이 쓰여진 당시 사회의 역사적, 사회적, 문화적 맥락을 중시하여 권력과 연관된 담론의 창출을 파헤치는 신역사주의와, 이보다 한 걸음 더 나아가서 과거뿐만 아니라 현재에도 셰익스피어의 작품이 갖는 정치적, 문화적 의미와 함께 지배 문화에 대한 피지배 문화의 저항과 전복 가능성을 강조하는 문화유물론, 페미니즘, 그리고 탈식민주의 등이 새로운 비평 방식으로 자리를 잡아가고 있다. 이러한 현상은 물론 셰익스피어 연구에서만 나타나는 현상이라고 할 수는 없지만, 비평의 영역이 문학에만 국한되지 않고 문화에까지 확장되고 있다는 점에서 점점 다원화되어가는 현대의 시대적 흐름을 반영한다고 할 수 있을 것이다. 최근 국내에서의 셰익스피어 관련 연구를 살펴보면, 적지 않은 논문들이 후기 구조주의적 관점에서 작품을 접근하는 시도를 보여주고 있으며, 그 중에서도 특히 페미니즘과 탈식민주의적 관점이 주류를 이루고 있음을 알 수 있다. 이는 제 3세계에 속하는 국내의 상황을 고려할 때, 당연한 결과이고 또한 바람직하다고도 할 수 있을 것이다.

1) 신역사주의

미셸 푸코의 권력/지식 이론, 그리고 니체에 뿌리를 두는 고고학적 역사 개념이 신역사주의의 지적 배경이 된다고 할 수 있다. 신역사주의는 해체주의 등이 주장하는 지나친 언어 강조에 반대하여 역사로의 복귀를 주장하며 문학을 다시 역사 속에 복원시키려 하는 노력에서 비롯되었지만, 과거의 역사주의와는 분명히 다르고 역사, 문학, 정치, 경제, 등의 경계를 넘어 상호연관 관계 속에서 문학 텍스트를 규명하고자 한다. 즉, 구역사주의는 역사를 고정 불변의 진리로 파악하였고 문학 작품이 불변하는 역사적 진실을 얼마나 반영하는가 하는 것이 주된 관심사였지만, 신역사주의는 역사를 불변의 진리로 보지 않고 언제나 서술되는 픽션에 불과한 것으로 파악하기 때문에 문학적 담론인 텍스트와 비문학적 담론인 컨텍스트의 이분법적 구분을 없애고, 그들 간의 상호관계와 상호작용에 주목한다. 따라서 문학 작품은 단순히 현실을 반영하는 것이 아니라 역사를 재현하는 행위 속에서 역사에 직접적으로 개입한다고 본다(Richard Wilson 11). 따라서 이러한 신역사주의적 시각에서 보면 어떠한 문학 작품도 시대와 공간을 완전히 초월한 보편적 가치를 지닐 수 없게 된다. 보편성도 사회적 역사적 맥락 속에서 형성되는 것이다.

신역사주의라는 용어를 최초로 사용한 사람은 미국의 르네상스 학사인 스티븐 그린블랏(Stephen Greenblatt)이었다. 그린블랏은 1960년대 미국의 정치운동과 민권운동을 겪으면서 기존의 미국문화를 지탱해오던 보수적 이데올로기에 이의를 제기하는 세대를 대변하는 인물이라고 할 수 있다. 그는 르네상스와 셰익스피어 연구에 신역사주의 비평을 적용시켜 학계의 많은 주목을 받아왔고 지금도 활발하게 활동하고 있다. 그린블랏에 따르면 예술작품은 "복합적이고 집단적인 인습을 공유하는 예술가 혹은 예술가 집단과 사회 제도나 관습 사이의 교환의 산물"이고(12), 정전이란 시공을 초월하는 보편성과 절대적 진실을 담고 있는 작품이 아니라 그 시대의 지배적인 문화, 정치, 사회적 담론에 부합하는 작품일 뿐이다. 따라서 신역사주의는 개인 주체가 결코 지배적 담론에서 자유로운 존재가 아니라고 주장한다. 그린블랏은 텍스트에 속박 받지 않는 주체란 존재하지 않는다고 여기며, 인간 주체를 특정 사회에서 권력관계에 의해 파생된 이데올로기의 산물로 여긴다.

신역사주의 이전에 영국과 미국에서 셰익스피어의 극작품들은 특별한 한 시대의 산물이 아니라 흔히 모든 시대를 초월하는 보편성을 지닌 위대한 작품들로 여겨져 왔다. 그 결과 최근까지도 주제, 장르, 그리고 구조를 연구하는 형식주의 비평이 지배해 왔다(Howard 20). 하지만 신역사주의는 이러한 형식주의 비평을 벗어나, 셰익스피어의 작품들과 그들이 쓰인 당대 역사의 정치, 문화, 경제 등과 같은 비문학적 담론과의 상호작용에 주목하며 역사의 텍스트성을 강조한다. 신역사주의는 문화유물론과 달리 하층민, 여성, 유색인, 등과 같이 핍박받는 피지배 계층을 지배 권력의 희생자로, 억압에 저항할 힘이 없는 존재들로 표현한다. 문화유물론이 역사를 인간의 투쟁으로 보고 핍박받는 자들의 목소리를 확대 해석하여 저항의 측면을 강조하는 반면에, 신역사주의는 지배 질서의 전복이 언제나 담론 내부에서 봉쇄당하기 마련이라는 비관적인 시각을 견지한다. 문학 작품 속에 등장하는 축제에 대한 해석에서도 문화유물론은 축제를 정신적 해방의 수단으로 보아 투쟁과 전복의 가능성을 주장하는 반면, 신역사주의는 축제를 권력이 전복의 시도를 허락함으로써 봉쇄를 더욱 강화하기 위한 수단으로 해석한다.

사실 맥베스(Macbeth)를 파멸로 이끄는 마녀들의 존재나 오셀로를 파멸로 이끄는 이아고의 존재, 그리고 리어(Lear)와 햄릿(Hamlet)을 파멸로 이끄는 거너릴(Goneril), 리건(Reagan), 에드먼드(Edmund), 클로디어스(Claudius) 등은 극 중의 기존 질서를 위협하는 악의 세력으로 뿐만 아니라, 셰익스피어 당대 사회의 안정을 위협하는 이질적이고 다양한 새로운 이념과 힘들의 의미로도 나타난다. 신의 섭리에 따라 정해진 신분과 지위를 스스로 바꿀 수 있다고 믿는 맥베스, 클로디어스, 에드먼드의 야심, 사회 전체의 안녕보다는 자신의 이익과 권리를 우선시하는 이아고의 개인주의, 등은 당시 엘리자베스 영국 사회에서 신 중심의 기존 지배 질서의 편견과 권위에 대한 인간 중심적 사상의 도전이고 전복의 시도이다. 그런데 신역사주의 시각에서 보면, 셰익스피어는 이들을 악마화함으로써 전복의 시도를 봉쇄하는 것을 정당화하는 것이다. 『맥베스』(*Macbeth*)에서 맥베스의 왕위 찬탈 행위나, 『헨리 4세 1부』(*1 Henry IV*)에서 폴스타프(Falstaff)의 전복적 행위 역시 기존의 권위에 도전하는 것처럼 보이지만, 결국 맥베스가 죽임을 당하고 폴스타프는 할 왕자(Prince Hal)에게 버림을 받음으로써 그러한 전복의 가능성을 철저하게 봉쇄하는 국가 권력의 전략을 재현한다고 보는 것이다. 따라서 그린블랏은 셰익스피어의 극을 항상 봉쇄의 승리로 읽어낸다. 결국 신역사주의는 염세주의적 결정론을 지향한다. 즉, 인간의 내면에 속한 권력의 역학을 부인하지 못하기 때문에 권력에 따를 수밖에 없다는 것이다.

2) 문화유물론

문화유물론은 신역사주의와 여러 가지 측면에서 공통점을 지니고 있다. 무엇보다도 중요한 점은 지금까지 문학에 부여해 왔던 특권을 거부하고 문학 작품을 다른 사회적 담론들과 마찬가지로 시대적, 정치적 배경과의 상호관계 속에서 파악한다는 점이다(Dollimore 47). 또한 E. M. W. 틸야드(Tillyard)가 『엘리자베스 세계관』(*Elizabethan World Picture*)에서 주장한 것처럼 역사를 모든 독자층이나 모든 사람들에게 똑같이 적용되는 하나의 정치적 비전으로 설명하는 것을 거부하고, 신역사주의와 마찬가지로 역사를 항상 서술되고 변화되는 텍스트의 형태로 파악한다. 그리고 이러한 시각은 문화나 문학 작품도 물적 토대 위에서 생산된다고 파악하기 때문에, 구체적인 물적 조건 아래 고찰되어야 한다고 주장하는 문화유물론의 고유한 입장에서 유래한다. 또한 인간의 의식 형성에 종교, 교육기관, 대중매체, 문학, 등의 이념적 국가 기구가 중요한 작용을 한다고 간주하기 때문에, 문화유물론은 문학 텍스트가 이데올로기를 단순히 반영하는데 그치지 않고, 특정 이데올로기를 생산하는데 능동적으로 참여한다고 본다. 유물론적 비평가들은 인간 주체를 불안정한 존재로 인식하고, 개인의 주체를 특정 사회의 권력관계에서 파생된 이데올로기의 산물이며 사회 안에서 형성되고 변형되는 담론 행위의 산물이라고 간주하는 것이다.

하지만 문화유물론자들은 신역사주의자들과는 달리 주체를 권력에 의해서 저항이 봉쇄되는 존재가 아니라, 지배 권력에 도전하고 저항하는 존재로 상정한다. 주체를 역사와 문화 속에서 형성되기도 하지만 또한 역사와 문화를 형성하는 존재로도 파악하는 것이다. 강조점을 좀 더 세분화한다면, 신역사주의는 역사를 텍스트로 파악하여 인간 개인의 힘으로 어찌할 수 없는 대상으로 간주하는 반면, 문화유물론은 역사를 인간의 노력 여하에 따라 달라질 수 있는 것으로 보았다. 신역사주의자들은 역사가 문화를 만든다고 여기는 반면, 문화유물론자들은 문화가 역사를 만든다고 믿는 셈이다. 따라서 문화유물론은 역사가 인간의 투쟁을 통해 이루어진다고 믿으며 저항의 측면을 강조하고, 억압과 핍박을 받는 소외된 계층의 목소리를 확대해서 읽어낸다. 문화유물론이 스스로를 저항담론으로 규정하고 문학 작품과 문학 비평이 당대의 문화적 헤게모니를 전복시킨다고 주장하는 이유가 바로 여기에 있다.

신역사주의가 다양한 문화와 민족 배경을 지닌 미국에서 생겨난 비판적 시각이라면, 문화유물론은 단일 문화와 민족배경을 지닌 영국에서 생겨났다. 특히 문화유물론은 문화비평가인 레이먼드 윌리엄즈(Raymond Williams)가 최초로 사용한 용어인데, 윌리엄즈는 『유물론과 문화의 문제점』(*Problems in Materialism and Culture*)이라는 책에서 문학작품과 그것의 배경, 즉 텍스트와 컨텍스트를 분리시키는 것의 문제점을 지적하였다(44). 그를 이어 문화유물론을 대표하는 비평가들로는 조나산 돌리모어(Jonathan Dollimore), 알란 신필드(Alan Sinfield), 그레이엄 홀더니스(Graham Holderness), 캐서린 벨시(Katherine Belsey), 등이 있다. 이들은 셰익스피어 작품과 당대의 정치 문화적 배경과의 상호관계뿐만 아니라, 셰익스피어 작품과 현대의 정치 문화적 담론과의 연관성에도 주목한다. 즉, 신역사주의가 권력의 문제를 셰익스피어의 작품이 쓰인 과거에 국한시키는 반면, 문화유물론은 현재에 적극적으로 개입하고자 하며 과거 작품에 대한 현재적 해석을 중시한다. 특히 셰익스피어의 텍스트 속에 숨어있는 잠재적인 대립과 저항의 요소에 초점을 맞추는 것이다.

셰익스피어의 많은 작품들이 문화유물론적 시각으로 연구되고 있는데, 그 중 『리처드 2세』(*Richard II*)와 같은 작품은 흔히 언급되는 작품이다. 그 이유는 에세스(Essex) 백작이 1601년 반란을 일으키기 직전, 기존 왕권의 절대적 권위를 전복시키기 위해 극장을 사용한 대표적인 작품으로 여겨지기 때문이다. 엘리자베스 여왕은 이 작품이 공공 극장에서 자주 공연되는 것을 매우 우려했으며, 리처드 2세를 자신과 동일시하여 그의 왕권을 찬탈하고 살해하는 행위가 극장에서 재현되는 것을 자신의 왕권에 대한 큰 위협으로 간주했던 것으로 여겨진다. 따라서 리처드의 폐위 장면은 검열에 걸려 엘리자베스 여왕 사망이후까지 공연이 금지되었던 것이다. 결국 『리처드 2세』는 기존 권위와 질서를 전복시키는 요소를 지니고 있으며, 실제로 당대의 정치적 상황에 영향을 미쳤을 뿐만 아니라 역으로 또한 영향을 받은 작품인 것이다. 사실 리처드 왕의 폐위와 살해 과정의 재현은 왕의 지위도 세상이라는 연극 무대에서 한 순간 하는 역할에 불과하다는 셰익스피어의 허무주의적 인식을 반영하며, 이는 나아가 결국 절대 왕권의 신화를 탈 신비화시키는 의미를 전달한다고 해석할 수 있다.

3) 페미니즘

페미니즘과 관련해서 셰익스피어를 바라보는 시각은 흔히 세 부류로 나눠진다. 첫 번째 부류는 셰익스피어를 남성우월주의자로 보고 당대의 여성 혐오주의에 사로잡혀있다고 보는 시각이다. 이러한 부류는 셰익스피어가 자신의 작품 속에서 여성들을 비하하고 무시하거나 악마화하는 장면들을 근거로 삼는다. 두 번째 부류는 셰익스피어를 당대의 가부장제나 여성혐오주의에 저항하는 여성 옹호자로 보는 시각이다. 이들은 셰익스피어의 작품에 등장하는 이상화된 여성들의 모습을 근거로 삼는다. 어리석은 남성을 교화시키거나 놀라운 지혜로 곤경에 처한 남성을 구하는 여성 인물들의 존재는 이러한 시각을 가능케 한다. 마지막 부류는 위의 두 시각을 모두 부인하고 셰익스피어를 객관적인 눈으로 다양한 인간 군상들을 그려내는 탁월한 작가로 평가한다. 즉 셰익스피어는 남녀가 불평등했던 당대에 남녀를 평등하게 보았고, 여성이나 남성에 대한 어떤 편견을 표현한 것이 아니라 있는 그대로의 자연의 모습을 거울을 들어 비추어내고 있다고 간주하는 것이다. 이와 같은 마지막 부류를 대표하는 비평가 줄리엣 더진베르(Juliet Dusinberre)는 "셰익스피어가 인간의 성품을 남성적인 것과 여성적인 것으로 나누지 않고 개개의 남녀를 통해 대립되는 충동 사이의 다양한 결합에 주목했다"고 주장한다(308).

흔히 우리가 셰익스피어 페미니즘 비평이라고 부르는 비판적 시각은 주로 첫 번째 시각에 초점이 맞추어져 있는 경우가 많다. 셰익스피어의 남성우월주의에 의해서 여성인물들이 왜곡되고 뒤틀려있다고 주장하는 페미니즘 비평가들은 자유주의적 페미니즘, 급진적 페미니즘, 마르크스 페미니즘, 유물론적 페미니즘 등 다양한 양상을 보이지만, 크게 나누어 공격적인 경향을 보이는 경우와 비공격적인 경우로 나누어진다. 비공격적인 경향을 보이는 페미니즘 비평가들은 셰익스피어가 자신의 극에서 당대의 모습을 있는 그대로 반영하려 노력했지만, 당대 사회의 여성에 대한 제한된 이해가 결과적으로 여성을 왜곡시켰다고 본다(Jardine 3). 예를 들어 『햄릿』의 거투르드(Gertrude)는 전통적으로 음탕하고 기만적인 여성으로 여겨지는데, 이러한 시각은 주로 극중 남성들인 햄릿과 아버지 유령의 평가이고 연출가들은 그들의 말에 의존해 거투르드를 무대 위에 재창조한다는 것이다. 하지만 그들은 거투르드에 대한 부정적 견해가 잘못된 것이라고 주장한다. 그 이유는 극중 대사와 행동을 통해 드러나는 그녀의 성격은 부드럽고 순종적이며, 의존적인 나약한 여성이며 남편과 아들 사이에서 갈등하고 괴로워하는 인물이라는 것이다(Adelman 15). 반면 공격적인 페미니즘 비평가들은 셰익스피어의 작품을 완전한 성차별주의 작품으로 본다. 코펠리아 칸(Coppelia Kahn)은 셰익스피어의 작품들이 여성에 대해 가부장적 힘을 행사하고자 하는 남성적 열망, 특히 여성의 성을 통제하고자 하는 남성적 열망을 반영하고 있다고 주장한다(12). 메릴린 프렌치(Marilyn French)는 셰익스피어 비극들이 남성적 방식으로 쓰여 있음을 지적하는데, 질서 있고, 확고하며, 중심이 있는 것은 남성적이고, 유동적이고, 무질서하며, 흔들리고, 형태가 없는 것들은 여성적이어서 남성적인 것이 선호된다고 지적한다(219).

그런데 작가 셰익스피어에 대한 여성주의적 평가는 별 의미가 없어 보인다. 셰익스피어가 어떤 편견을 갖고 있는가 보다는 셰익스피어의 작품 속에 당대 사회의 남성과 여성 간의 정치적 역학 관계가 어떻게 반영되어 나타나 있는가 하는 것이 중요하기 때문이다. 페미니즘 비평은 여성이 남성중심주의 이데올로기에 의해 억압과 핍박을 당해왔고 동등한 인간으로서의 권리를 누리지 못해왔다는 전제에서 출발한다. 만약 여성이 남성의 보호를 받는다고 생각하고 남성의 지배 속에서도 안전과 편안함을 느낀다면, 페미니즘의 의미는 많이 퇴색할 수밖에 없다. 셰익스피어 비평에서도 페미니즘적 접근은 바로 이러한 여성의 억압과 불평등을 전제로 한다. 즉, 셰익스피어의 작품 속에 당대 사회의 반여성적 담론이나 시각이 반영되어 있다는 것을 전제로 하고, 그러한 왜곡된 여성관을 셰익스피어의 작품들이 어떻게 반영하고 어떻게 변형시켰는지 밝혀내는 것이 페미니즘 비평의 기본적인 방법론이라고 할 수 있는 것이다.

흥미로운 사실은 셰익스피어의 희극에 등장하는 주요 여성들의 모습은 대부분 여성주의자들이 환호할만한 이상적인 여성들이 대부분이라는 사실이며, 반대로 비극에 등장하는 여성들은 오히려 이상적인 미덕을 갖추고 있더라도 부당한 희생의 제물이 되거나 비도덕적이고 사악한 인물들로 그려지고 있다는 점이다. 이를 좀 더 구체적으로 논의해 보면, 셰익스피어의 작품 속에 내재되어 있는 여성에 대한 이중적인 시각이 드러날 것이다. 셰익스피어의 희극을 낭만희극, 혹은 축제희극이라고 부르는 것은 그만큼 그의 희극이 이상적이고 비현실적인 세계를 그리고 있다는 것을 의미한다. 따라서 우리는 셰익스피어의 희극에 등장하는 여성들을 사실적으로 받아들이는 오류를 범해서는 안 될 것이다. 그들은 비현실적인 세계에서만 우월성과 놀라운 재치, 능력을 발휘하고, 남성들을 훈육하거나 지배하고 가르칠 수 있는 이상적인 여성으로 나타나기 때문이다. 이들은 당대 사회의 여성에 대한 기대와 한계를 동시에 대변하고 있다고 볼 수 있다. 반면 비극에서 죄 없이 희생당하거나 악녀의 모습으로 그려지는 여성들은 당대 사회의 여성들에 대한 부정적 시각과 그로 인한 여성들의 불행한 삶을 반영하고 있다고 볼 수 있을 것이다.

『좋으실 대로』(*As You Like it*)에 등장하는 로잘린드(Rosalind), 『베

니스의 상인』(*The Merchant of Venice*)에 등장하는 포샤(Portia), 『12야』(*Twelfth Night*)에 등장하는 바이올라(Viola), 등의 여성 인물들은 남성들보다도 훨씬 뛰어난 능력과 지혜를 갖추고 있으며 오히려 어리석은 남성들을 가르치거나 구원하는 역할을 감당한다. 이들은 당대의 남성 중심 사회를 뒤집는 역할을 할 뿐만 아니라, 이상적인 여성에 대한 기대를 증폭시킨다. 하지만 흥미로운 점은 이들이 모두 극 중에서 남성으로 변장을 한다는 것이다. 이들의 변장은 물론 당대 극장 전통에서 여성이 배우를 할 수 없는 상황이었기 때문에 여성 역을 좀 더 효과적으로 표현하기 위한 목적도 있었을 것으로 보이지만, 여성의 모습으로는 남성 중심 사회에서 자유롭게 기지를 펼칠 수 없는 한계를 대변하고 있다고 할 수 있을 것이다. 다른 한편으로는 비극 작품에 등장하는 여성 인물들은 극단적으로 양분되는 것을 확인할 수 있다. 즉, 맥베스 부인(Lady Macbeth), 거너릴(Goneril), 리건(Reagan), 거투르드(Gertrude), 등과 같은 악마적이고 음탕한 여성들과, 오필리아(Ophelia), 코딜리아(Cordelia), 데즈데모나(Desdemona)와 같은 순수하고 이상적인 희생물로서의 여성들이 등장하는 것이다. 악마화 된 여성들은 기존의 도덕질서와 위계질서를 무시하고 위반함으로써 불행과 비극 중요한 원인으로 작용하며, 죄에 대한 대가로 파멸할 수밖에 없다. 그렇지만 순수하고 죄 없는 여성들도 악마화 된 여성들과 마찬가지로 남성 중심의 이데올로기 하에서의 폭력이나 권력 관계 속에서 희생될 수 있는 것이 바로 셰익스피어 비극이 전달하는 현실이었던 것이다.

이처럼 희극과 비극에서 대조되는 여성에 대한 묘사는 우선적으로 장르의 특징과 밀접한 관계를 맺고 있지만, 다른 한편으로는 당대 사회의 여성에 대한 다양한 시각을 반영하는 것으로 보인다. 발레리 웨인(Valerie Wayne)이 지적하는 것처럼 셰익스피어 당대에는 여성에 대한 단일한 시각만이 존재한 것이 아니었다. 이아고와 같은 인물을 통해 두드러지게 나타나는 여성 혐오 담론이 존재함과 동시에 여성의 권리와 도덕적 선택을 격려하는 담론이 공존하였던 것이다(153). 따라서 셰익스피어의 작품 세계에서 희극적 결말의 원동력이 여성임과 동시에 비극적 결말의 원인 또한 여성이 되는 경우가 많다는 사실을 고려해 볼 때, 셰익스피어 연구에서 페미니즘이 갖는 의미와 위상을 결코 경시할 수 없을 것으로 여겨진다.

4) 탈식민주의

최근 신역사주의, 문화유물론, 페미니즘과 함께 셰익스피어 비평에 새롭게 대두하고 있는 탈식민주의 시각은 영국의 식민 제국주의가 싹을 틔우던 시기에 쓰여진 셰익스피어의 작품들이 문화적, 인종적 식민계급주의를 찬양하고 강화하는 태도를 내재하고 있다고 규정하고 이를 구체적으로 밝혀내고자 한다. 탈식민주의 비평가들은 그동안 셰익스피어의 작품이 기존의 인종적, 성적 차별을 정당화하는 식민주의 이데올로기를 옹호하는 보수주의적 관점으로 해석되어져 왔으며, 셰익스피어를 세계 최고의 작가로 규정함으로써 그러한 이데올로기를 더욱 강화하는 수단으로 삼아왔다는 사실을 직시한다(Loomba and Orkin 1). 신역사주의나 문화유물론적 시각이 시공을 초월하는 셰익스피어의 특권적 지위를 끌어내리고, 역사적 사회적 담론들 속으로 끌어들인 것처럼 탈식민주의는 셰익스피어의 특권적 지위를 이용한 식민주의 이데올로기를 비판하고 동시대적 관점에서 셰익스피어에 대한 새로운 해석을 시도하는 것이다. 사실 식민주의 시기 동안에 셰익스피어는 영국인뿐만 아니라 모든 인간을 대변하는 인간성 자체를 표현하는 전형으로 여겨져 온 것이 분명하다. 셰익스피어가 묘사하는 영국인이 모든 인간의 전형이 된 셈이다. 따라서 탈식민주의자들은 이러한 시각을 통해서 셰익스피어의 작품들이 식민주의적 권위를 확립시키기 위해 이용되어 왔다고 주장하는 것이다.

이러한 셰익스피어에 대해서 식민통치를 겪었던 제 3세계 국가 지식인들의 반응은 크게 다음과 같은 세 가지 형태로 다양하게 나타난다. 첫째는 그들도 식민지 이데올로기를 답습하며 식민통치자들의 시각을 따라 셰익스피어를 찬양하는 것이다. 둘째 경우는 바로 탈식민주의자의 시각으로 셰익스피어와 그의 작품을 이용해서 형성되어 온 식민주의 정권의 문화적 권위에 도전하는 것이다. 마지막으로 세 번째 경우는 셰익스피어의 작품을 새롭게 해석하고 적용하여 그를 반식민주의(Anti-colonialism)를 주장하는 작가로 받아들이는 시각이다. 하지만 현대 탈식민주의 비평의 주된 관심사는 셰익스피어의 작품 속에 드러난 식민 제국주의 이데올로기뿐만이 아니다. 현대에도 영미뿐만 아니라 제 3세계 국가에서도 끊임없이 각색되고 번안되고 연극과 영화와 같은 새로운 형태로 재현되어 나타나는 셰익스피어 작품들의 정치적 태도들을 탈식민주의적 관점으로 재조명하여 그 이데올로기적 의미를 밝히는 것이 또 다른 중요한 관심사이다.

셰익스피어 작품들 중에 흔히 탈식민주의적 시각으로 자주 분석되는 대표적인 작품으로는 『태풍』(*The Tempest*)과 『오셀로』(*Othello*) 등이 있다. 탈식민주의 비평가들은 전통적으로 로맨스 장르로 분류되면서 용서와 화해의 메시지를 전달하는 작품으로 평가받아온 『태풍』에서 식민주의적 상상력을 분명하게 찾아낸다. 이러한 관점에서 바라보면, 고결한 공작으로 신과 같은 존재로도 여겨지던 프로스페로(Prospero)는 캘리밴(Caliban)의 땅을 빼앗아 자신의 언어와 문화를 주입시키는 가혹한 식민 탄압자로 평가되며, 반인간적인 짐승이나 괴물과 같은 존재로 여겨지던 캘리밴은 식민 통치에 억압받는 원주민으로 받아들여진다. 또한 프로스페로의 하인으로서 충성을 다하는 에어리얼(Ariel) 역시 자유를 위해 어쩔 수 없이 복종하는 식민지 원주민의 또 다른 부류로 재평가된다. 또한 4대 비극으로 유명한 『오셀로』 작품 역시 탈식민주의 시각으로 분석하면, 주인공 무어인 오셀로는 자신의 성격 때문에 불행을 겪는 비극적 영웅이 아니라 인종차별주의라는 식민주의적 시각에 의한 희생자로 변모한다. 이아고

(Iago)의 악행은 결국 인종차별주의에서 비롯되는 것이고, 데즈데모나(Desdemona)의 불행과 죽음은 백인 남성이 아닌 야만인과의 결합에서 비롯되는 것이다. 오셀로의 질투심과 잔인한 살인 역시 그의 야만성을 강조하여 식민주의적 시각을 정당화하는 구조로 해석된다.

제1부 인용문헌

강석주. “셰익스피어 후기극에 나타난 부조리의 세계” *Shakespeare Review* 34. (1998):31-68.

에리히 아우얼바하,『미메시스』김우창, 유종호 역. 서울: 민음사, 1979.

Abrams, M. H. *A Glossary of Literary Terms 5th Edition.* New York: Holt, Rinehart and Winston, 1988.

Adelman, Janet. *Suffocating Mothers: Fantasies of Maternal Origin in Shakespeare's Plays, Hamlet to the Tempest.* London: Routledge, 1992.

Aristotle. *Poetics.* Trans. James Hutton. New York: W. W. Norton & Company, 1982.

Barber, C. L. *Shakespeare's Festive Comedy.* Princeton: Princeton UP, 1972.

Berry, Edward. “Twentieth-century Shakespeare Criticism: The Histories” *The Cambridge Companion to Shakespeare Studies.* Ed. Stanley Wells. Cambridge: Cambridge UP, 1986. 249-256.

Campbell, Lily B. *Shakespeare's Histories: Mirrors of Elizabethan Policy.* London: Methuen, 1980.

Charlton, H. B. *Shakespearean Comedy.* London: Methuen, 1979.

Coyle, Martin, Garside, Peter, Kelsall, Malcolm, and John Peck. eds. *Encyclopedia of Literature and Criticism.* London: Routledge, 1991.

Danson, Lawrence. “Twentieth-century Shakespeare criticism: The Comedies” *The Cambridge Companion to Shakespeare Studies.* Ed. Stanley Wells. Cambridge: Cambridge UP, 1986. 231-240.

Dollimore, Jonathan. “Shakespeare, Cultural Materialism and the New Historicism” *Political Shakespeare: New Essays in Cultural Materialism.* Eds. Jonathan Dollimore and Alan Sinfield. Manchester: Manchester UP, 1985. 2-18.

Dryden, John. “An Essay of Dramatic Poesy” *Literary Criticism.* Ed. Allan H. Gilbert. Detroit: Wayne State UP, 1967.

Dusinberre, Juliet. *Shakespeare and the Nature of Women.* London: Macmillan, 1975.

Dutton, Richard. *William Shakespeare: A Literary Life*. London: Macmillan, 1989.

French, Marilyn. *Shakespeare's Division of Experience*. New York: Summit Books, 1981.

Frye, Northrop. *Anatomy of Criticism: Four Essays*. Princeton: Princeton UP, 1971.

_________. "Romance as Masque" *Shakespeare's Romances Reconsidered*. Eds. Carol McGinnis Kay & Henry E. Jacobs. Lincoln: The U of Nebraska P, 1978.

_________. A Natural Perspective. New York: Columbia UP, 1995.

Greenblatt, Stephen. "Towards a Poetics of Culture" *The New Historicism*. Ed. H.Aram Veeser. London: Routledge, 1989. 1-14.

Howard, Jean E. "The New Historicism in Renaissance Studies" *New Historicism & Renaissance Drama*. Eds. Richard Wilson & Richard Dutton. London : Longman, 1992. 19-32.

Hoy, Cyrus. "Jacobean Tragedy and the Mannerist Style" *Shakespeare Survey 26*. Ed. Kenneth Muir. Cambridge: At the University Press (1973) : 49-67.

Hunter, G. K. "Shakespeare and the Traditions of Tragedy" *The Cambridge Companion to Shakespeare Studies*. Ed. Stanley Wells. Cambridge : Cambridge UP, 1986. 123-142.

Hunter, Robert G. *Shakespeare and the Comedy of Forgiveness*. New York: Columbia UP, 1965.

Jardine, Lisa. Still *Harping on Daughters: Women and Drama in The Age of Shakespeare*. New York : Columbia UP, 1983.

Kahn, Coppelia. *Man's Estate: Masculine Identity in Shakespeare*. Berkeley : U of California P, 1981.

Levin, Harry. "Critical Approaches to Shakespeare from 1660 to 1904" *The Cambridge Companion to Shakespeare Studies*. Ed. Stanley Wells. Cambridge : Cambridge UP, 1986. 213-230

Loomba, Ania & Martin Orkin. eds. *Post-Colonial Shakespeare*. London :

Routledge, 1998.

McAlindon, T. *Shakespeare's Tragic Cosmos.* Cambridge: Cambridge UP, 1991.

Mehl, Dieter. *Shakespeare's Tragedies: An Introduction.* Cambridge: Cambridge UP, 1986.

Muir, Kenneth. "Twentieth-century Shakespeare Criticism: The Tragedies" *The Cambridge Companion to Shakespeare Studies.* Ed. Stanley Wells. Cambridge: Cambridge UP, 1986. 241-248.

Rackin, Phyllis. *Stages of History: Shakespeare's English Chronicles.* London: Routledge, 1990.

Robinson, F. N. ed. *The Works of Geoffrey Chaucer.* Oxford: Oxford UP, 1957.

Rossiter, A. P. *Angel with Horns: Fifteen Lectures on Shakespeare.* Ed. Graham Storey. New York: Theatre Arts Books, 1961.

Sidney, Phillip. "The Defence of Poesie" *Literary Criticism: Plato to Dryden.* Ed. Allan H. Gilbert. Detroit: Wayne State UP, 1962.

Smallwood, R. L. "Shakespeare's Use of History" *The Cambridge Companion to Shakespeare Studies.* Ed. Stanley Wells. Cambridge: Cambridge UP, 1986. 143-162.

Sypher, Wylie. "The Meaning of Comedy" *Comedy Meaning and Form.* Ed. Robert W. Corrigan. New York: Harper & Row, 1981. 20-51.

Tillyard, E. M. W. *Shakespeare's History Plays.* London: Penguin Books, 1991.

Wayne, Valerie. "Historical Differences: Misogyny and Othello" *The Matter of Difference: Materialist Feminist Criticism of Shakespeare.* Ed. Valerie Wayne. New York: Harvester wheatsheaf, 1991.

Wells, Stanley. *Later Shakespeare Stratford-Upon-Avon Studies 8.* London: Edward Arnold, 1966.

Williams, Raymond. *Problems in Materialism and Culture.* London: Verso Books, 1980.

Wilson, Richard. "Introduction: Historicising New Historicism" *New Historicism and Renaissance Drama.* Eds. Richard Wilson & Richard Dutton. London: Longman, 1992. 1-18.

제2부

셰익스피어 주요 대사 읽기

I. 셰익스피어 비극 장면들

Macbeth

Lady Macbeth (1889), John Singer Sargen

Macbeth and Banquo meeting the witches on the heath,
Théodore Chassériau

<1막 1장, 1-12>

First Witch. When shall we three meet again?
In thunder, lightning, or in rain?
Second Witch. When the hurly-burly's done,
When the battle's lost, and won.
Third Witch. That will be ere the set of sun.
First Witch. Where the place?
Second Witch. Upon the heath.
Third Witch. There to meet with Macbeth.
First Witch. I come, Graymalkin!
Second Witch. Paddock calls.
Third Witch. Anon.
All. Fair is foul, and foul is fair :
Hover through the fog and filthy air. (Exeunt)

1. hurly-burly : 혼란, 큰 소동(uproar)
2. ere : before
3. Graymalkin : grey cat
4. Paddock : toad
5. Anon : 곧, 즉시 (soon, at once) - 고어 표현이다.

1. 이 장면을 연기한다면 필요한 연극적 요소들(분장, 의상, 음향, 무대 배경, 연기, 소품, 등)은 어떻게 처리하는 것이 좋을 것인지 말해보시오.

2. 중세와 르네상스 시대 유럽의 역사에서 witch는 어떤 존재인지 조사해 보시오.

3. 이 장면을 한국적 상황으로 재현한다면 어떤 인물들이 등장할 수 있을 것인가?

4. 셰익스피어가 『맥베스』 극의 첫 장면에서 이와 같이 마녀들이 등장하도록 한 이유는 무엇이었을지 추측해 보시오.

5. 마녀들의 마지막 대사 “fair is foul and foul is fair”가 전달하는 의미는 무엇이라고 생각하는가?

<1막 3장, 115-125>

Macbeth. [*Aside*] Glamis, and Thane of Cawdor:
The greatest is behind. — Thanks for your pains. —
[To Banquo] Do you not hope your children shall be kings,
When those that gave the Thane of Cawdor to me
Promised no less to them?

Banquo. That trusted home,
Might yet enkindle you unto the crown,
Besides the Thane of Cawdor. But 'tis strange:
And oftentimes, to win us to our harm,
The instruments of Darkness tell us truths;
Win us with honest trifles, to betray's
In deepest consequence. —

1. That trusted home : If that is fully believed (If you believe that fully)
2. enkindle : (불을) 붙이다, 타오르게 하다
3. instrument of Darkness : 어둠의 하수인 (devil)
4. to win··· consequence : To give us harm, the devils tell us truth about small matters, but lie about great ones.

1. 장면 설명 : 장소 – 스코틀랜드의 황야

코더의 영주가 일으킨 반란을 진압하고 돌아오는 맥베스와 뱅쿠오 앞에 나타난 마녀들은 맥베스를 코더의 영주와 왕의 호칭으로 부르며 환영한다. 그들은 또한 뱅쿠오에게도 맥베스보다는 못하지만 더 위대하고 행복하며 그의 후손들이 왕이 될 것이라고 예언한다. 마녀들이 사라지고 난 후 던컨 왕의 사신인 로스와 앵거스가 나타나 왕이 맥베스를 코더의 영주로 삼은 사실을 선날하는데, 이 전갈을 듣자마자 맥베스가 방백을 하는 것이다.

2. "The greatest is behind"는 무엇을 염두에 두고 하는 말인가?

3. 셰익스피어 당대에 왕권이 갖는 의미를 조사해 보시오.

4. 본인이 맥베스 입장이라면 어떤 반응을 보였을 것인지 말해보시오.

5. 뱅쿠오의 대사가 의미하는 바를 말해보고, 이와 같은 예를 듣거나 경험한 적이 있으면 한 가지씩 말해보시오.

6. 맥베스와 뱅쿠오의 성격에 어떤 차이점이 있는지 말해보시오.

<1막 3장, 127-140>

Macbeth. [Aside] Two truths are told,
As happy prologues to the swelling act
Of the imperial theme. — I thank you, gentlemen. —
[Aside] This supernatural soliciting
Cannot be ill, cannot be good.
If ill, why hath it given me earnest of success,
Commencing in a truth? I am Thane of Cawdor.
If good, why do I yield to that suggestion,
Whose horrid image doth unfix my hair
And make my seated heart knock at my ribs,
Against the use of nature? Present fears
Are less than horrible imaginings.
My thought, whose murder yet is but fantastical,
Shakes so my single state of man that,
That function is smothered in surmise,
And nothing is, but what is not.

1. soliciting : 유혹, 간청 (promising of pleasure)
2. Present fears are less than horrible imaginings : 상상력이 두려움을 더욱 증폭시킨다는 의미
3. smother : 질식시키다
4. surmise : 추측, 상상 (guess, imagination)

1. 장면 설명 : 장소 – 황야

앞 장면에 나오는 뱅쿠오의 경고 다음에 곧바로 이어지는 맥베스의 방백 장면으로 왕을 살해하는 끔찍한 상상에 사로잡혀 있는 모습을 보여준다.

2. What are the "two truths"?

3. 맥베스의 판단력이 혼란을 겪고 있음을 알려주는 대사는 어느 부분인가?

4. 만약 맥베스의 대사를 연기한다면, 어떤 표정과 어떤 제스처를 사용해야 할 것인가? 맥베스 내면의 생각을 표현해주기 위해 효과적인 극적 장치는 어떤 것이 있을 수 있는가?

5. 맥베스의 이런 내적 혼란과 갈등을 이해할 수 있는가, 아니면 공감하기 어려운가? 이유는?

<1막 5장, 37-51>

Lady Macbeth. The raven himself is hoarse,
That croaks the fatal entrance of Duncan
Under my battlements. Come, you Spirits
That tend on mortal thoughts, unsex me here
And fill me from the crown to the toe, topfull
Of direst cruelty; make thick my blood,
Stop up th'access and passage to remorse
That no compunctious visitings of Nature
Shake my fell purpose, nor keep peace between
Th'effect and it! Come to my woman's breasts,
And take my milk for gall, you murd'ring ministers,
Wherever in your sightless substances
You wait on Nature's mischief! Come, thick Night,
And pall thee in the dunnest smoke of Hell,
That my keen knife see not the wound it makes,
Nor Heaven peep through the blanket of the dark,
To cry, 'Hold, hold!'

1. raven : 갈가마귀 (불길한 새로 여겨진다) cf) crow
2. croak : 깍깍하고 우는 소리
3. mortal thoughts : 치명적인 (죽음을 부르는) 생각
4. unsex me : 여성적인 부드러움이나 나약함을 제거해달라는 요구
5. direst : 끔찍한 (terrible)
6. compunctious : 후회하는, 양심에 가책을 느끼는 (compassionate)
7. fell : 잔인한, 무서운 (terrible, deadly, savage)
8. gall : 쓸개즙 (bitter poison)
9. pall : 관을 덮다, 감싸다 (wrap in a funeral)
10. dunnest : 시커먼 (darkest)

1. 장면 설명: 장소 – 맥베스의 성 안
 남편의 편지를 통해 그동안 남편에게 일어난 일과 마녀들의 예언에 대해 알게 된 맥베스 부인은 예언을 실현시키기 위해서는 당연히 잔인한 일이라도 해야 한다고 생각한다. 그리고 그 일을 실행하는데 남편인 맥베스의 성품이 너무 나약하다고 걱정하면서, 자신이 그에게 용기를 불어넣어주겠다고 다짐한다. 그때 하인이 등장하여 왕이 오늘 밤 성을 방문한다는 전갈을 전하자 맥베스 부인이 하는 독백이다.

2. What sort of spirits does she invoke?

3. 맥베스 부인은 악령을 불러 도움을 청하고 있다. 만약 이 대사를 연기한다면, 어떤 분위기를 연출해야 할 것인가? 목소리, 제스처 – 두려움, 확신, 최면상태?

4. 맥베스 부인의 대사를 어떻게 받아들여야 할 것인가? 그녀의 극적 역할은 무엇이라고 생각하는가?

5. 일반적으로 남성과 여성 가운데 누가 더 잔인하거나 강인하다고 생각하는가? 셰익스피어가 이극에서 맥베스 부인을 이처럼 잔인한 여성으로 묘사한 이유는 무엇이라고 생각하는가?

<1막 7장, 46-58>

Macbeth. Prithee, peace.
I dare do all that may become a man;
Who dares do more, is none.
Lady Macbeth. What beast was't then
That made you break this enterprise to me?
When you durst do it, then you were a man;
And, to be more than what you were, you would
Be so much more the man. Nor time, nor place
Did then adhere, and yet you would make both:
They have made themselves, and that their fitness now
Does unmake you. I have given suck, and know
How tender 'tis to love the babe that milks me:
I would, while it was smiling in my face,
Have plucked my nipple from his boneless gums
And dashed the brains out, had I so sworn
As you have done to this.

1. break this enterprise : suggest killing King Duncan,
2. durst : dare의 과거형
3. adhere : 점착하다, 지지하다 (support)
4. They have made themselves : Time and place are ready to murder King Duncan
5. fitness : 적절한 기회 (timeliness),
6. given suck : 젖을 먹이다 (suckled a child)
7. had I so sworn : If I had sworn so

1. 장면 설명 : 장소 - 맥베스의 성 안

덩컨 왕이 성을 방문해 있는 동안 맥베스는 왕을 살해하는 문제를 두고 갈등을 겪는다. 그는 왕이 되고자 하는 욕망은 강하지만, 왕의 친척이자 신하로서 오히려 보호해야 할 자신이 왕을 살해하는 것은 내세에서 뿐만 아니라 현세에서도 대가를 치른다는 사실을 상기하고 자신의 아내에게 왕의 살해를 포기할 것을 알린다. 남편의 결심을 들은 맥베스 부인이 남편의 나약함을 질타하고 있는 장면이다.

2. Whose argument is more forceful and persuasive?

3. 맥베스의 대사에서 man은 남성을 지칭하는가 아니면 인간을 지칭하는가? 진정한 남성과 진정한 인간은 어떤 모습이어야 한다고 생각하는가?

4. 맥베스와 맥베스 부인의 부부관계는 어떤 유형이라고 생각하는가? 그들은 서로 사랑하는 사이인가 혹은 서로 미워하는 사이인가? 아니면 서로 이용하는 사이인가?

5. 맥베스 부인의 대사는 충격적인가? 만약 그렇다면 어떤 점에서 그러한가?

<2막 2장, 52-65>

Macbeth. I'll go no more :
I am afraid to think what I have done;
Look on't again, I dare not.
Lady Macbeth. Infirm of purpose!
Give me the daggers. The sleeping, and the dead
Are but as pictures; 'tis the eye of childhood
That fears a painted devil. If he do bleed,
I'll gild the faces of the grooms withal,
For it must seem their guilt. (Exit) *Knocks within*
Macbeth. Whence is that knocking?
How is't with me, when every noise appalls me?
What hands are here? Ha! they pluck out mine eyes.
Will all great Neptune's ocean wash this blood
Clean from my hand? No! this my hand will rather
The multitudinous seas incarnadine,
Making the green one red.

1. infirm : 나약한, 연약한 (weak, feeble)
2. withal : with it (blood)
3. Neptune : 로마신화에 등장하는 바다의 신
4. incarnadine : 붉게 물들이다 (redden)

1. **장면 설명** : 부인의 질타에 용기를 얻은 맥베스는 마침내 잠든 던컨 왕의 방으로 가서 단검으로 왕을 살해한다. 하지만 죄의식과 두려움에 사로잡힌 그는 당황하여 피 묻은 칼을 그대로 들고 돌아오는데, 맥베스 부인은 남편에게 칼을 현장에 두고 잠든 호위병들에게 피를 묻히고 오라고 말한다. 이에 맥베스가 더 이상 갈 수 없다고 말하는 장면이다.

2. 살인에 대한 맥베스와 맥베스 부인의 태도는 매우 대조적으로 묘사되고 있다. 이러한 대조적인 태도는 어디에서 연유한다고 생각하는가?

3. Where does Macbeth's fear come from?

4. 맥베스의 대사 중 "what hands are here?"는 어떤 손을 가리킨다고 생각하는가?

5. 맥베스와 맥베스 부인의 역할을 연기한다면, 무엇에 초점을 맞추어야 한다고 생각하는가?

<2막 4장, 1-17>

Old Man. Threescore and ten I can remember well;
Within the volume of which time, I have seen
Hours dreadful and things strange, but this sore night
Hath trifled former knowings.

Rosse. Ha, good father,
Thou seest the heavens, as troubled with man's act,
Threatens his bloody stage: by th'clock 'tis day
And yet dark night strangles the traveling lamp.
Is't night's predominance, or the day's shame,
That darkness does the face of earth entomb
When living light should kiss it?

Old Man. 'Tis unnatural,
Even like the deed that's done. On Tuesday last,
A falcon tow'ring in her pride of place
Was by a mousing owl hawked at and killed.

Rosse. And Duncan's horses (a thing most strange and certain)
Beauteous and swift, the minions of their race,
Turned wild in nature, broke their stalls, flung out,
Contending 'gainst obedience as they would make
War with mankind.

1. Threescore and ten : 70
2. hath trifled former knowings : hath made past experience seem trivial
3. the travelling lamp : the sun
4. entomb : 매장하다 (bury)
5. minions: the best
6. stalls : 마구간 (stables)

1. **장면 설명 : 장소 – 맥베스의 성 밖**
 성안에서 던컨왕의 살해로 인해 대 혼란이 일어나고 있는 동안, 성 밖에서는 노인과 로스가 자연세계에서 발생한 이상하고 기괴한 현상에 대해 서로 대화를 나누고 있다.

2. 이처럼 인간세상에서 계급질서를 깨트리면 우주와 자연 전체에 대혼란이 일어난다는 시각은 어떤 이론에 근거하고 있는 것인지 조사해보시오.

3. 이들이 언급하고 있는 기괴한 현상들을 열거해 보고, 이들의 공통점이 있다면 어떤 것인지 생각해보시오.

4. 노인과 로스의 극적 기능은 무엇이라고 생각하는가? 이들은 이 대사를 어떤 어조로 어떤 제스처를 통해 연기해야 할 것인가?

<4막 1장, 70-95>

First Apparition. Macbeth! Macbeth! Macbeth! beware Macduff;
Beware the Thane of Fife.

Macbeth. Whatever thou art, for thy good caution, thanks:
Thou hast harped my fear aright. But one word more–

Second Apparition. Be bloody, bold, and resolute: laugh to scorn
The power of man, for none of woman born
Shall harm Macbeth.

Macbeth. Then live, Macduff: what need I fear of thee?
But yet I'll make assurance double sure.
And take a bond of Fate: thou shalt not live;

Third Apparition. Be lion-mettled, proud, and take no care
Who chafes, who frets, or where conspirers are.
Macbeth shall never vanquished be, until
Great Birnam Wood to high Dunsinane hill
Shall come against him.

Macbeth. That will never be:
Who can impress the forest, bid the tree
Unfix his earthbound root? Sweet bodements! good!

1. beware : 조심하다
2. harped : echoed 이야기하다
3. aright : 바르게, 정확히
4. resolute : 굳게 결심한, 단호한
5. assurance double sure : my security even more sure
6. take a bond of fate : 운명의 끈을 잡다 (swear)
7. lion-mettled : courageous
8. chafe : 안달하다, 노하다
9. vanquish : 이기다, 정복하다
10. bodements : prophecies 예언

1. **장면 설명**: 던컨 왕을 죽이고 나서 왕이 된 맥베스는 자신의 자리에 대한 불안감에 사로잡혀 암살자들을 시켜 뱅쿠오와 그의 아들 플리언스를 죽이려 하지만, 플리언스는 도망가고 뱅쿠오만 암살한다. 신하들의 신망을 잃어가며 맥베스는 극도의 불안에 사로잡혀 마녀들을 다시 찾아가서 자신의 운명에 대해 묻는다. 마녀들은 맥베스에게 환영들을 보여주며 그의 미래를 예언한다.

2. 첫 번째 환영은 어떤 모습으로 등장하는 것이 적절하다고 생각하는가? 두 번째 환영은 어떤 모습으로 등장하는 것이 적절하다고 생각하는가? 세 번째 환영은 어떤 모습으로 등장하는 것이 적절하다고 생각하는가?

3. 환영들의 예언은 진실이기도 하고 거짓이기도 하다. 어떤 측면에서 그렇게 말할 수 있는가?

4. 당신은 예언을 믿는가? 인간의 미래를 점치는 수단을 현대에도 많이 존재한다. 운명의 존재를 믿는가? 그 이유는?

<4막 2장, 46-60>

Son. What is a traitor?
Lady Macduff. Why, one that swears and lies.
Son. And be all traitors that do so?
Lady Macduff. Every one that does so is a traitor, and must be hanged.
Son. And must they all be hanged that swear and lie?
Lady Macduff. Every one.
Son. Who must hang them?
Lady Macduff. Why, the honest men.
Son. Then the liars and swearers are fools, for there are liars and swearers enough to beat the honest men, and hang up them.
Lady Macduff. Now, God help thee, poor monkey! But how wilt thou do for a father?
Son. If he were dead, you'd weep for him; if you would not, it were a good sign that I should quickly have a new father.
Lady Macduff. Poor prattler, how thou talk'st!

1. traitor : 배신자, 반역자
2. swears and lies : swears an oath and breaks it.
3. prattler : 재잘대는 사람, 특히 아이

1. 장면 설명 : 맥더프 장군이 맥베스의 폭정에 반감을 품고 영국으로 피신해 있는 맬컴 왕자에게 가버린 후에, 맥더프 부인과 맥더프의 아들이 서로 대화하는 장면이다. 이 장면은 맥베스가 마녀들을 찾아가 자신의 불안한 미래에 대해 세 환영들의 예언을 듣고 난 후, 곧바로 이어지는데 맥더프를 조심하라는 첫 번째 환영의 경고를 들은 맥베스는 맥더프의 성에 자객들을 보내 그의 가족과 하인들을 모두 살해한다. 맥디프 부인과 아들의 대화는 그들이 살해당하기 직전의 장면이다.

2. 셰익스피어의 작품들에는 어린 아이들이 종종 등장하는데, 그들은 흔히 어린이답지 않은 지혜와 위트를 보여준다. 맥더프 아들의 경우는 어떠한가? 그러한 이유는 무엇이라고 생각하는가?

3. "traitor"와 "swearer"를 어리석다고 하는 이유는 무엇인가? 이 작품에서 traitor나 swearer에 해당하는 인물들은 누구인가?

4. 맥더프와 맥더프 부인의 관계는 어떠했을 거라고 추정되는가? 이유는?

5. 맥더프 아들의 마지막 대사는 어떤 세태를 풍자하고 있다고 여겨지는가?

6. 셰익스피어가 광대나 광인, 아이의 입을 빌려 세상을 조롱하고 풍자하는 이유는 어디에 있다고 여겨지는가?

<5막 5장, 17-26>

Macbeth. She should have died hereafter :
There would have been a time for such a word.
Tomorrow, and tomorrow, and tomorrow,
Creeps in this petty pace from day to day
To the last syllable of recorded time;
And all our yesterdays have lighted fools
The way to dusty death. Out, out, brief candle!
Life's but a walking shadow; a poor player
That struts and frets his hour upon the stage,
And then is heard no more : it is a tale
Told by an idiot, full of sound and fury,
Signifying nothing.

1. hereafter : 나중에, 미래에
2. creep : 기어가다
3. petty pace : 느린 속도
4. recorded time : 역사 (history)
5. syllable : 음절
6. strut : 뽐내다
7. fret : 안달하다

---

1. **장면 설명**: 맥베스는 맬컴과 맥더프가 영국군을 이끌고 자신을 공격해 오고 있는 상황에서 엄청난 불안과 두려움을 겪고 있다. 그 때, 자신의 부인인 맥베스 부인이 죽었다는 소식을 듣고 이 유명한 대사를 한다. 인생은 그림자와 같이 덧없는 것이라는 것을 독백하고 있다.

2. 맥베스의 대사를 통해 우리는 인생에 대해 무엇을 깨달을 수 있는가?

3. 이 대사를 하는 맥베스의 심정은 어떤 것일지 상상해 보시오.

4. 맥베스는 이 대사를 어떤 표정과 어떤 제스처로 연기해야 할 것인가?

5. 우리 사회에서 맥베스와 같은 인물을 찾아본다면?

<5막 8장, 8-34>

Macbeth. Thou loses labour :
As easy may'st thou the intrenchant air
With thy kin sword impress, as make me bleed:
Let fall thy blade on vulnerable crests,
I bear a charmed life; which must not yield
To one of woman born.
Macduff. Despair thy charm;
And let the Angel whom thou still hast served
Tell thee, Macduff was from his mother's womb
Untimely ripped.
Macbeth. Accursed be that tongue that tells me so,
For it hath cow'd my better part of man:
And be these juggling fiends no more believed,
That palter with us in a double sense;
That keep the word of promise to our ear,
And break it to our hope. I'll not fight with thee.
Macduff. Then yield thee, coward,
And live to be the show and gaze of the time:
We'll have thee, as our rarer monsters are,
Painted upon a pole, and underwrit,
'Here may you see the tyrant.'
Macbeth. I will not yield,
To kiss the ground before young Malcolm's feet,
And to be baited with the rabble's curse.
Though Birnam wood be come to Dunsinane,
And thou opposed, being of no woman born,
Yet I will try the last: before my body
I throw my warlike shield: lay on, Macduff,
And damned be him that first cries 'Hold, enough!'

1. intrenchant : 벨 수 없는 (uncuttable)
2. impress : make an impact upon
3. crests : 투구 (helmets)
4. angel . . . served : To whom do you think Macduff is referring?
5. untimely : 때가 아닌, 시기상조의 (prematurely)
6. juggling : 속임수 (cheating, deceiving)
7. palter : 속이다
8. opposed : opposed to me
9. try the last : fight to the death
10. lay on : 공격하다 (attack)

1. **장면 설명** : 이 극의 절정에 해당하는 장면이라고 할 수 있으며, 맥베스가 맥더프와 맞붙어 살해당하기 전에 마지막 진실을 깨닫는 장면이다. 두 번째 환영이 말한 "버남 숲이 던시내인 언덕으로 옮겨오기 전까지는 맥베스가 멸망하지 않는다"는 예언은 영국 병사들이 나무를 꺾어 들고 이동하는 바람에 이미 효력을 상실했고, 맥더프가 자신은 어머니의 배를 찢고 나왔다는 말을 함으로써 맥베스가 믿었던 환영들의 예언은 모두 효력을 상실했다. 하지만 맥베스는 죽음 앞에서 비겁함을 보이지 않는다.

2. 맥베스를 비극적 영웅으로 볼 수 있는 근거는 어디에 있다고 생각하는가?

3. 맥베스의 파멸을 통해 얻을 수 있는 도덕적 교훈은 무엇인가?

4. 셰익스피어는 맥베스의 야심과 성공, 파멸의 과정을 통해 어떤 메시지를 독자나 관객들에게 전달하고 있다고 생각하는가?

5. 셰익스피어가 살았던 영국의 르네상스 시대의 상황을 고려해 볼 때, 맥베스가 대변하는 이데올로기와 맬컴이나 던컨왕이 대변하는 이데올로기는 무엇이라고 생각하는가?

Othello

Desdemona's Death Song (1878-1881),
Dante Gabriel Rossetti

Othello and Desdemona (1829), Alexandre-Marie Colin

<1막 1장, 42-59>

Iago. I follow him to serve my turn upon him:
We cannot all be masters, nor all masters
Cannot be truly followed. You shall mark
Many a duteous and knee-crooking knave,
That, doting on his own obsequious bondage,
Wears out his time much like his master's ass
For nought but provender, and when he's old, cashiered.
Whip me such honest knaves: others there are
Who, trimmed in forms, and visages of duty,
Keep yet their hearts attending on themselves,
And throwing but shows of service on their lords,
Do well thrive by them, and when they have lined their coats,
Do themselves homage, those fellows have some soul,
And such a one do I profess myself, . . . for, sir,
It is as sure as you are Roderigo,
Were I the Moor, I would not be Iago:
In following him, I follow but myself.

1. my turn : my need 혹은 my purpose
2. duteous : 순종하는, 의무감이 강한
3. dote : ~에게 푹 빠지다, 맹목적으로 사랑하다 (흔히 on이나 upon을 수반한다)
4. obsequious : 비굴한, 순종하는
5. provender : food and drink
6. cashiered : dismissed from service
7. trim : 다듬다, 치장하다

1. **장면 설명**: 극이 시작하자마자 처음 무대에 등장하는 로더리고와 이아고는 서로 다투는 모습을 보여주는데, 로더리고는 오셀로 상군과 데즈데모나의 결혼을 막지 못한 것에 대해 이아고를 비난하

며, 그가 진심으로 오셀로를 미워하는지 의심하는 듯한 말을 한다. 이에 대해 이아고가 자신의 속마음을 털어놓는 장면이다.

2. 이아고의 대사로 미루어 볼 때, 그는 어떤 성격의 소유자라고 판단되는가?

3. 이아고와 같은 사고방식에 동의하는가? 만약 동의한다면 그것을 현대인의 사고방식과 비교해 볼 때, 어떤 공통점과 차이점을 발견할 수 있는가?

4. 이아고의 대사를 연기한다면, 어떤 어조와 태도로 말해야 할 것인가?

5. 이아고가 오셀로를 미워하는 구체적인 이유는 무엇이라고 생각하는가?

<1막 3장, 128-145>

Othello. Her father loved me, oft invited me,
Still questioned me the story of my life
From year to year – the battles, sieges, fortunes
That I have passed.
I ran it through, even from my boyish days
To the very moment that he bade me tell it;
Wherein I spake of most disastrous chances,
Of moving accidents by flood and field,
Of hair-breadth scape i'th'imminent deadly breach;
Of being taken by the insolent foe;
And sold to slavery, of my redemption thence,
And with it all my travels' history;
Wherein of antres vast and deserts idle,
Rough quarries, rocks and hills, whose heads touch heaven,
It was my hint to speak – such was the process:
And of the Cannibals that each other eat
The Anthropophagi, and men whose heads
Do grow beneath their shoulders: this to hear
Would Desdemona seriously incline;

1. wherein : 고어표현 (in which)
2. spake : spoke
3. hair-breadth : 구사일생의
4. scape : escape
5. imminent : 절박한 (impending)
6. deadly breach : 성벽의 터진 곳

1. **장면 설명**: 오셀로가 베니스의 의원들 앞에서 자신이 어떻게 데즈데모나의 마음을 얻었는지 설명하고 있다. 이는 오셀로에 대한 질투심과 열등감에 사로잡힌 이아고와 로더리고를 통해 딸의 비밀결혼을 알게 된 브러밴쇼가 오셀로를 의회에 고발하였기 때문에 일어난 상황이다. 현재 베니스는 터키군의 갑작스런 공격으로 오셀로 장군을 필요로 하지만, 총독은 상원의원의 딸을 오셀로가 범하였다는 고발을 듣고 진위여부를 밝히고자 한다.

2. 오셀로의 대사를 들으면 그가 어떤 인물일 것으로 여겨지는가? 그의 모험담에 대해서는 어떻게 받아들여야 할 것인가? 여학생들의 경우 이러한 모험담을 듣는다면 상대방에게 호기심을 통해 사랑을 느낄 수 있다고 여겨지는가?

3. 흑인에 대한 편견이 심했던 셰익스피어 당대와 그 후에도 오셀로 역은 어떤 특징을 지닌 배우가 담당했을 것으로 여겨지는가?

4. 오셀로 작품이 영화로 제작된 경우는 얼마나 되며 그 중에 대중적 인기를 얻거나 작품성을 인정받은 작품에는 어떤 작품들이 있는지 조사해 보시오.

5. 오셀로를 영화나 연극으로 만든 작품들 가운데에는 백인이 오셀로 역을 맡는 경우가 상당히 많았다. 이러한 경우에 극의 효과는 어떻게 달라진다고 생각하는가?

<1막 3장, 178-192>

Desdemona. My noble father,
I do perceive here a divided duty:
To you I am bound for life and education,
My life and education both do learn me
How to respect you, you are lord of all my duty,
I am hitherto your daughter: but here's my husband;
And so much duty as my mother showed
To you, preferring you before her father,
So much I challenge, that I may profess,
Due to the Moor my lord.
Brabantio. God bu'y! I have done:
Please it your grace, on to the state affairs;
I had rather to adopt a child than get it;
Come hither, Moor:
I here do give thee that with all my heart
Which, but thou hast already, with all my heart
I would keep from thee.

---

1. learn me : teach me
2. hitherto : 지금까지
3. preferring you before her father : preferring you to her father : 할아버지보다 아버지를 더 소중히 여겨
4. challenge : claim 공언하다, 주장하다
5. profess : 고백하다
6. God bu'y : God be with you (Goodbye)
7. but thou hast already : if you didn't have already 가정법 표현

---

1. **장면 설명**: 아버지 브러밴쇼의 부름을 받고 온 데즈데모나는 공작과 의원들이 모두 지켜보는 앞에서 아버지와 오셀로 사이에서 선

택을 해야 하는 상황이 되자, 낳아주시고 길러주신 아버지의 은혜에 대한 의무감을 느끼지만 자신이 섬겨야 할 사람은 남편인 오셀로 장군이라고 선언한다. 이 말을 들은 브러밴쇼는 실망하여 딸에 대한 기대를 모두 포기하고 마지못해 오셀로와 딸의 결합을 허락한다.

2. 결혼과 관련해서 자식과 부모의 관계는 어떠해야 한다고 생각하는가? 셰익스피어 당대 결혼관에 대해서 조사해 보시오. 현대 사회에서 데즈데모나와 같은 자식을 많이 발견할 수 있는가?

3. 데즈데모나와 오셀로의 결혼에 대해 브러밴쇼가 보이는 분노와 실망감에 대해서 어떻게 생각하는가? 당연하다고 여겨지는가, 아니면 부당하다고 여겨지는가?

4. 위 대사를 고려해 볼 때 데즈데모나는 어떤 성격과 가치관의 여성이라고 생각하는가?

<1막 3장, 313-324>

Iago. Virtue? A fig! 'Tis in ourselves that we are thus, or thus: our bodies are our gardens, to the which our wills are gardeners, so that if we will plant nettles or sow lettuce, set hyssop and weed up thyme; supply it with one gender of herbs, or distract it with many; either to have it sterile with idleness, ormanured with industry, why, the power, and corrigible authority of this, lies in our wills. If the balance of our lives had not one scale of reason, to poise another of sensuality, the blood and baseness of our natures would conduct us to most preposterous conclusions. But we have reason to cool our raging motions, our carnal stings, our unbitted lusts; whereof I take this, that you call love, to be a sect, or scion.

1. fig : 상스러운 경멸적인 몸짓
2. nettles : 쐐기풀
3. lettuce : 양상추
4. thyme : 향신료로 사용되는 정원용 식물
5. hyssop : 과거에 약초로 썼던 꿀풀과의 식물
6. manure : 비료를 주다
7. corrigible : 고칠 수 있는, 바로잡을 수 있는
8. preposterous : 터무니없는, 상식을 벗어난
9. balance : 저울, 천칭
10. scale : 저울의 접시
11. poise : 균형 잡히게 하다 (counterbalance)
12. carnal stings : sexual urges
13. unbitted : 제어되지 않는 (unbridled)
14. where of : 무엇에 관하여
15. sect and scion : 부분이나 어린 가지 (사랑이라는 것도 욕정의 한 일부라는 것)

1. **장면 설명**: 데즈데모나를 연모하던 로더리고는 그녀와 오셀로의 결혼이 공식적으로 인정받게 되자 너무나 상심하여 자살을 생각한다. 이에 이아고는 그의 어리석은 생각을 꾸짖는데, 로더리고는 자신의 미덕으로는 데즈데모나를 향한 연정을 버릴 수가 없다고 말한다. 이아고는 로더리고가 말하는 미덕이라는 것이 따로 존재하는 것이 아니라, 모두 우리의 의지에 의해 우리의 몸과 마음이 결정된다고 주장한다. 모든 것이 마음먹기 달렸다고 말하는 것이다.

2. 이아고의 주장에 대해서 동의하는가? 정말 모든 것이 의지에 달렸다고 생각하는가, 아니면 로더리고의 말처럼 사랑이나 분노와 같은 것처럼 성품 때문에 의지만으로는 어찌할 수 없는 것들도 있다고 생각하는가?

3. 이아고의 이러한 주장은 그의 성격을 대변하는 것이라고 생각하는가 아니면 로더리고를 속이고 설득시키기 위해서 일부러 꾸며대는 것이라고 생각하는가?

4. 여자 때문에 자살하는 사람이 있을 수 있다고 생각하는가? 그러한 사람에 대해서 어떻게 생각하는가?

<2막 1장, 122-142>

Desdemona. I am not merry, but I do beguile
The thing I am, by seeming otherwise:
Come, how wouldst thou praise me?

Iago. I am about it, but indeed my invention
Comes from my pate as birdlime does from frieze –
It plucks out brains and all. But my Muse labours,
And thus she is delivered:
If she be fair and wise, fairness and wit,
The one's for use, the other useth it.

Desdemona. Well praised! How if she be black and witty?

Iago. If she be black, and thereto have a wit,
She'll find a white that shall her blackness hit.

Desdemona. Worse and worse.

Emilia. How if fair and foolish?

Iago. She never yet was foolish, that was fair,
For even her folly helped her, to an heir.

Desdemona. These are old paradoxes to make fools laugh i'th'alehouse; what miserable praise hast thou for her that's foul and foolish?

Iago. There's none so foul and foolish thereunto,
But does foul pranks, which fair and wise ones do.

---

1. pate : 두뇌, 정수리
2. birdlime : 끈끈이, 올무 (sticky substance to catch birds)
3. frieze : 두껍고 거친 외투용 모직 (woollen cloth)
4. pluck out : 뜯다, 잡아 뽑다
5. Muse : 음악의 여신 (goddess of music)
6. fond : foolish
7. paradox : ex) to lose is to win
8. thereunto : 거기에, 게다가 (thereto)
9. prank : 농담, 못된 장난

1. **장면해설**: 터키군의 공격을 막기 위해 사이프러스 섬으로 향한 오셀로와 데즈데모나는 중간에 풍랑을 만나 따로 섬에 도착하게 되는데, 터키군의 함대는 폭풍에 휩쓸려 대부분 파손되어 전쟁은 쉽게 끝나게 된다. 오셀로보다 먼저 사이프러스에 도착한 데즈데모나와 이아고, 캐시오 등은 오셀로를 기다리면서 농담을 나누게 되는데, 이아고가 자신의 아내 에밀리아의 수다를 비난하면서 이에 대응하는 데즈데모나와 에밀리아의 질문에 맞춰 여성들에 대한 평가를 내리고 있다.

2. 네 부류의 여성에 대한 이아고의 평가에 동의하는가? 이아고의 평가는 어떤 편견에 사로잡혀 있다고 여겨지는가? 셰익스피어 당대 여성관에 대해 조사해 보시오.

3. 오늘날에도 여성에 대한 어떤 편견이 존재한다고 생각하는가? 혹은 남성에 대한 어떤 편견이 존재하는가? 남성과 여성의 근본적인 차이는 어디에 있다고 생각하는가?

4. 이아고의 대사에 나타나는 말장난(pun)에는 어떤 것들이 있는가?

<2막 3장, 242-259>

Cassio. Reputation, reputation, I have lost my reputation! I have lost the immortal part of myself, and what remains is bestial. My reputation, Iago, my reputation!

Iago. As I am an honest man, I thought you had received some bodily wound, there is more offence in that than in reputation. Reputation is an idle and most false imposition, oft got without merit and lost without deserving. You have lost no reputation at all, unless you repute yourself such a loser. What, man! There are ways to recover the general again. You are but now cast in his mood, a punishment more in policy than in malice, even so, as one would beat his offenceless dog to affright an imperious lion. Sue to him again, and he's yours.

Cassio. I will rather sue to be despised, than to deceive so good a commander with so light, so drunken, and so indiscreet an officer. Drunk! and speak parrot! And squabble! Swagger! Swear! And discourse fustian with one's own shadow! O thou invisible spirit of wine, if thou hast no name to be known by, let us call thee devil!

---

1. imposition : something that someone unreasonably expects you to do 속임, 사기
2. affright : 놀라게 하다, 겁주다 (frighten)
3. imperious : 오만한, 거만한
4. sue : appeal
5. squabble : 언쟁, 말다툼하다
6. swagger: 뻐기다, 뽐내다
7. fustian : 과장된, 뻥치는 (rubbish, bombastic nonsense)

1. **장면 설명**: 자신을 부관으로 승진시키지 않고 캐시오를 부관으로 삼은 것에 대해 오셀로에게 앙심을 품고 있는 이아고는 오셀로와 캐시오를 파멸시키기 위해 음모를 꾸미는데, 술을 못하는 캐시오를 부추겨 술에 취하게 만들고 로더리고를 시켜 싸움을 걸게 하였다. 술에 취한 캐시오가 로더리고를 때리고 마침 이를 말리던 몬타노와 싸움을 벌여 몬타노를 부상 입히는 사건이 발생한다. 이를 알고 화가 난 오셀로는 캐시오를 크게 꾸짖고 그의 부관직을 박탈한다. 이에 캐시오는 크게 상심하여 이아고에게 하소연하는 장면이다.

2. 명예와 평판에 대한 캐시오와 이아고의 시각은 완전히 정반대이다. 누구의 시각이 더 타당하다고 여겨지는가? 이아고의 시각에 문제점이 있다면 무엇이고, 캐시오의 시각에 문제점이 있다면 무엇이라고 생각하는가?

3. 캐시오는 어떤 성격의 소유자라고 생각하는가? 만약 본인이 캐시오와 같은 상황에 처한다면 어떻게 행동할 것인가?

4. 주변 친구들이나 연예인들 가운데 이아고나 캐시오의 역할에 적합한 인물이 있다면 누구라고 생각하는가? 왜 그렇게 생각하는가?

<3막 3장, 92-109>

Iago. My noble lord –
Othello. What dost thou say, Iago?
Iago. Did Michael Cassio, when you wooed my lady,
Know of your love?
Othello. He did from first to last. Why dost thou ask?
Iago. But for a satisfaction of my thought.
No further harm.
Othello. Why of thy thought, Iago?
Iago. I did not think he had been acquainted with her.
Othello. O yes, and went between us very oft.
Iago. Indeed?
Othello. Indeed? Ay, indeed. Discern'st thou aught in that?
Is he not honest?
Iago. Honest, my lord?
Othello. Honest? Ay, honest.
Iago. My lord, for aught I know.
Othello. What dost thou think?
Iago. Think, my lord?
Othello. Think, my lord! By heaven, he echoes me,
As if there were some monster in his thought
Too hideous to be shown. Thou dost mean something.

1. be acquainted with : ~를 아는, ~와 아는 사이인
2. oft : often
3. discern : 분별하다, 인식하다
4. aught : 어떤 것 (anything)
5. hideous : 무시무시한, 소름끼치는

1. **장면 설명**: 이아고는 캐시오에게 복직을 원하면 장군의 아내 데즈데모나에게 부탁을 해보라고 조언을 해 놓은 상태이고, 캐시오가 데즈데모나를 만나는 장면을 포착하여 일부러 오셀로를 그 현장으로 이끈 상황이다. 그리고 캐시오가 황급히 떠나는 장면을 보게 한 후에, 오셀로에게 교묘하게 캐시오를 의심하게 만드는 음모를 꾸미고 있다.

2. 우리 자신을 포함하여 인간에게 이아고와 같은 간교함이 존재한다고 생각하는가? 누군가를 은근히 험담함으로써 자신의 목적을 달성하고자 하는 무의식적인 욕망을 느껴본 적이 있는가?

3. 평판을 중시하던 캐시오가 오셀로가 아닌 데즈데모나에게 복직을 부탁하러 온 사실을 어떻게 설명해야 할까?

4. 이아고가 직접적으로 캐시오를 비난하지 않고 무언가를 숨기는 것처럼 말을 아끼는 것은 어떤 효과를 초래하는가?

<3막 3장, 433-450>

Iago. Nay, but be wise; yet we see nothing done,
She may be honest yet. Tell me but this:
Have you not sometimes seen a handkerchief
Spotted with strawberries in your wife's hand?
Othello. I gave her such a one, 'twas my first gift.
Iago. I know not that; but such a handkerchief -
I am sure it was your wife's – did I today
See Cassio wipe his beard with.
Othello. If it be that –
Iago. If it be that, or any that was hers,
It speaks against her with the other proofs.
Othello. O that the slave had forty thousand lives!
One is too poor, too weak, for my revenge.
Now do I see 'tis true. Look here, Iago,
All my fond love thus do I blow to heaven;
'Tis gone.
Arise, black vengeance, from thy hollow cell!
Yield up, O love, thy crown and hearted throne
To tyrannous hate! Swell, bosom, with thy fraught,
For 'tis of aspics' tongues.

1. yield : 양보하다, 굴복하다
2. hearted : in my heart
3. fraught : 짐, 선적물 (burden, cargo)
4. aspics : asp 독사 (venomous snakes)

1. **장면 설명** : 이아고는 서서히 데즈데모나와 캐시오의 사이를 의심하기 시작하는 오셀로에게 확실한 증거를 제시하고자 시도하는데, 그것이 바로 에밀리아가 주워온 데즈데모나의 손수건이다. 그 손

수건은 오셀로가 데즈데모나에게 맨 처음 준 선물이었다. 이아고는 자신이 캐시오와 함께 잠을 자는 일이 있었는데, 캐시오가 잠꼬대하면서 데즈데모나의 이름을 부르며 음탕한 행동을 했다는 말로 오셀로의 분노를 불러일으키고 결정적으로 데즈데모나의 손수건을 캐시오가 지니고 있다는 말로 질투심을 극에 달하게 만들고 있다.

2. 고전 문학 작품에서 손수건은 애정의 증거로 많이 사용되는 물건이다. 손수건이 주로 사용되는 이유가 어디에 있다고 여겨지는가?

3. 손수건 이야기는 오셀로의 사랑을 증오로 바뀌게 만드는 결정적 역할을 한다. 이러한 설정은 개연성이 충분하다고 생각하는가, 아니면 오셀로의 질투가 너무 성급하거나 그의 성격의 문제점에서 발생한다고 여겨지는가?

4. 만약 오셀로와 같은 상황에 처한다면, 당신은 어떻게 행동할 것인가?

<3막 4장, 51-64>

Othello. That handkerchief
Did an Egyptian to my mother give:
She was a charmer and could almost read
The thoughts of people. She told her, while she kept it,
'Twould make her amiable and subdue my father
Entirely to her love; but if she lost it
Or made a gift of it, my father's eye
Should hold her loathed and his spirits should hunt
After new fancies. She dying gave it me,
And bid me when my fate would have me wive,
To give it her. I did so, and take heed on't:
Make it a darling, like your precious eye.
To lose't or give't away were such perdition
As nothing else could match.

1. charmer : 마법사, 마녀
2. amiable : beloved
3. fancies : lovers
4. wive : 아내를 얻다 (고어표현)
5. subdue : 정복하다, 복종시키다
6. take heed on : ~에 조심하다
7. perdition : 멸망, 파멸

1. **장면 설명** : 앞 장면에서 캐시오가 데즈데모나의 손수건을 지니고 있다는 사실을 알게 된 오셀로는 증오심에 가득 차 데즈데모나를 만나는데, 일부러 콧물이 나온다는 핑계로 손수건을 달라고 한다. 그리고 데즈데모나가 다른 손수건을 주자, 자신이 선물로 준 손수건을 달라고 고집한다. 손수건을 잃어버린 데즈데모나는 당황하며 지금은 없다고 말한다. 이 말을 듣고 오셀로가 손수건의 내력

에 대해서 말하는 장면이다.

2. 마법에 걸린 손수건의 이야기는 듣는 이로 하여금 두려움을 불러 일으키지만, 이 이야기는 극 초반 오셀로의 모험 이야기에서 볼 수 있었던 것과 마찬가지로 매우 비현실적이다. 오셀로의 이야기를 사실로 받아들이는 것이 타당한가?

3. 질투의 감정에 대해서 조사해 보시오. 질투는 사랑의 다른 표현이라는 견해에 동의하는가? 만약 아니라면, 질투는 어떤 내면세계를 반영한다고 생각하는가?

4. 오셀로 역을 맡은 배우는 이 대사를 어떤 표정과 태도로 연기해야 한다고 생각하는가?

<4막 3장, 81-99>

Emilia. But I do think it is their husbands' faults
If wives do fall. Say that they slack their duties
And pour our treasures into foreign laps,
Or else break out in peevish jealousies,
Throwing restraint upon us; or say they strike us,
Or scant our former having in despite –
Why, we have galls, and though we have some grace,
Yet have we some revenge. Let husbands know
Their wives have sense like them: they see, and smell,
And have their palates both for sweet and sour
As husbands have. What is it that they do
When they change us for others? Is it sport?
I think it is: and doth affection breed it?
I think it doth. Is't frailty that thus errs?
It is so too. And have not we affections?
Desires for sport? and frailty, as men have?
Then let them use us well; else let them know
The ills we do, their ills instruct us so.

1. slack : 늦추다, 완화하다, 게을리 하다
2. peevish : 투정부리는, 까다로운
3. restraint : 속박, 구속, 억압
4. galls : 원한 (the guts to get revenge)
5. palates : 미각, 기호

1. **장면 설명** : 에밀리아가 여성들의 불륜이나 부정은 남편들의 잘못 때문이라고 항변하는 장면이다. 이는 오셀로의 의심에 상신한 데즈데모나가 자신의 결백을 주장하면서 에밀리아에게 어떤 여자가

남편 몰래 부정한 짓을 하겠느냐고 말하면서 세상에 그런 여자는 없을 거라고 주장하자, 에밀리아는 그런 여자가 수없이 많다고 말한다. 그리고 그런 여자들을 만드는 장본인은 바로 그들의 남편들이라고 주장하는 것이다.

2. 에밀리아의 주장에 동의하는가? 동의하지 않는다면 어떤 다른 이유가 있다고 생각하는가?

3. 남성들이 자신은 부정한 행동을 하면서 자신의 아내는 그런 행동을 용납하지 못하는 경우를 어떻게 생각하는가?

4. 에밀리아와 데즈데모나의 결혼관과 남성관의 차이점을 설명해 보시오.

5. 현대 여성은 데즈데모나와 더 유사한가 아니면 에밀리아와 더 유사한가? 여성에 대한 셰익스피어의 시각은 어떠하다고 여겨지는가?

<5막 2장, 1-22>

Othello. It is the cause, it is the cause, my soul:
Let me not name it to you, you chaste stars.
It is the cause. Yet I'll not shed her blood,
Nor scar that whiter skin of hers than snow
And smooth as monumental alabaster –
Yet she must die, else she'll betray more men.
Put out the light, and then put out the light:
If I quench thee, thou flaming minister,
I can again thy former light restore,
Should I repent me; but once put out thy light,
Thou cunning'st pattern of excelling nature,
I know not where is that Promethean heat
That can thy light relume. When I have plucked thy rose,
I cannot give it vital growth again;
It needs must wither. I'll smell it on the tree.
[*He kisses her*]
O balmy breath, that doth almost persuade
Justice to break her sword! One more, one more!
Be thus when thou art dead, and I will kill thee
And love thee after. One more, and this the last.
So sweet was ne'er so fatal. I must weep.
But they are cruel tears: this sorrow's heavenly –
It strikes where it doth love.

1. monumental alabaster : 기념비의 석고
2. flaming minister : burning torch
3. Promethean heat : 프로메테우스의 불
4. relume : 다시 불붙이다 (light again)
5. Justice : 정의의 여신

1. **장면 설명**: 오셀로가 데즈데모나의 부정을 확신하고 그녀를 죽일 작정으로 잠들어 있는 데즈데모나의 침실로 들어와 혼자 독백하는 장면이다.

2. 오셀로는 데즈데모나를 죽이는 이유로 더 많은 남자들을 배신하지 않도록 하기 위해서라고 말하고 있다. 이것을 어떻게 이해해야 할 것인가?

3. 프로메테우스의 신화를 조사해 보시오. 오셀로는 이 장면에서 생명을 촛불과 장미에 비유하고 있다. "I will kill thee and love thee after"라는 표현을 어떻게 이해해야 할 것인가?

4. 오셀로의 독백은 어떤 어조와 템포로 연기해야 한다고 생각하는가?

<5막 2장, 68-84>

Othello. He has confessed.
Desdemona. What, my lord?
Othello. That he hath used thee.
Desdemona. How? Unlawfully?
Othello. Ay.
Desdemona. He will not say so.
Othello. No, his mouth is stopped:
Honest Iago hath ta'en order for't.
Desdemona. O, my fear interprets! What, is he dead?
Othello. Had all his hairs been lives, my great revenge
Had stomach for them all.
Desdemona. Alas, he is betrayed, and I undone.
Othello. Out, strumpet! Weep'st thou for him to my face?
Desdemona. O, banish me, my lord, but kill me not!
Othello. Down, strumpet!
Desdemona. Kill me tomorrow; let me live tonight!
Othello. Nay, if you strive –
Desdemona. But half an hour!
Othello. Being done, there is no pause.
Desdemona. But while I say one prayer!
Othello. It is too late.

1. undone : ruined

1. 장면 설명: 데즈데모나를 죽이러 침실로 들어온 오셀로가 데즈데모나의 잠든 아름다운 모습을 보며 세 번 키스하는 동안 데즈데모나가 잠에서 깨어난다. 그녀는 오셀로의 의도를 모른 채 침실로 들기를 원하지만 오셀로는 그녀에게 참회의 기도를 올렸는지 물어

본다. 그리고 사랑하기 때문에 그녀를 죽여야 한다고 말한다. 데즈데모나는 항변하지만, 오셀로는 손수건을 증거로 그녀의 부정을 비난하며 자신이 희생과 정의를 행하는 것이라고 주장한다.

2. 부정한 아내를 죽이는 것을 정의로 받아들일 수 있을 것인가? 죄에 대한 정당한 벌이라고 한다면, 셰익스피어 당대 부정행위에 대한 처벌이 어떤 것이었는지 조사해 볼 필요가 있다.

3. 위 장면을 통해 드러나는 오셀로의 모습은 이전 장면들에서의 오셀로와 어떻게 다르다고 할 수 있겠는가? 오셀로를 변호한다면 어떤 점들을 들 수 있겠는가? 최근 미국에서 거의 현대판 오셀로라고 할 미식축구 선수 O. J. 심슨 사건이 있었다. 이 사건에 대해 조사해보시오.

4. 위 장면에서 데즈데모나 역을 맡은 배우는 어떻게 연기해야 한다고 생각하는가?

5. 오셀로가 데즈데모나를 살해하는 것은 순간적인 분노 때문인가 아니면 철저히 준비된 행동인가?

<5막 2장, 334-352>

Othello. Soft you; a word or two before you go.
I have done the state some service and they know't:
No more of that. I pray you, in your letters
When you shall these unlucky deeds relate,
Speak of me as I am; nothing extenuate,
Nor set down aught in malice. Then must you speak
Of one that loved not wisely, but too well;
Of one not easily jealous but, being wrought,
Perplexed in the extreme; of one whose hand,
Like the base Indian, threw a pearl away
Richer than all his tribe; of one whose subdued eyes,
Albeit unused to the melting mood,
Drops tears as fast as the Arabian trees
Their medicinable gum. Set you down this;
And say besides that in Aleppo once
Where a malignant and a turbaned Turk
Beat a Venetian and traduced the state,
I took by th'throat the circumcised dog
And smote him thus. [*He stabs himself.*]

1. extenuate : 약화시키다, 경감하다
2. wrought : work의 과거분사 (고어표현)
3. perplexed : 혼란에 빠져 (confused)
4. Albeit : Although
5. traduce : 모욕하다 (insult)

1. **장면 설명** : 오셀로의 마지막 대사이자 최후의 클라이맥스라고 할 수 있다. 데즈데모나를 죽이고 난 후, 에밀리아를 통해 모든 일을 이아고가 꾸민 사실을 알게 된 오셀로는 고통 속에서 스스로를 자책한다. 그리고 아내 에밀리아를 찌르고 도망쳤다 잡혀온 이아고를 칼로 찔러보지만, 이아고는 피를 흘리지만 죽지 않고 자신을 파멸시킨 이유를 묻는 오셀로에게 더 이상 말을 하지 않겠다고 선언한다. 캐시오와의 대화를 통해 자신의 어리석음을 다시 한 번 깨닫게 된 오셀로는 죄인으로 베니스에 돌아가기보다는 자결을 선택한다.

2. 오셀로가 알레포에서의 자신이 죽인 터키인과 자신을 동일시하는 이유는 어디에 있다고 여겨지는가?

3. 오셀로에 대해 연민과 공포를 느끼는가? 만약 그렇다면 이유는 무엇인가?

4. 오셀로를 비극적 영웅으로 볼 수 있는 근거는 어디에 있다고 생각하는가?

5. 이 극에서 오셀로가 대변하는 이데올로기는 무엇인가?

6. 오셀로의 비극적 파멸의 원인은 무엇이라고 생각하는가?

Hamlet

Ophelia (1851-1852), John Everett Millais

Ophelia, detail

Hamlet and Ophelia (1858),
Dante Gabriel Rossetti

<1막 2장, 68-86>

Queen. Good Hamlet, cast thy nighted colour off,
And let thine eye look like a friend on Denmark.
Do not for ever with thy vailed lids
Seek for thy noble father in the dust.
Thou know'st 'tis common – all that lives must die,
Passing through nature to eternity.
Hamlet. Ay, madam, it is common.
Queen. If it be,
Why seems it so particular with thee?
Hamlet. Seems, madam! Nay, it is. I know not 'seems'.
'Tis not alone my inky cloak, good mother,
Nor customary suits of solemn black,
Nor windy suspiration of forc'd breath,
No, nor the fruitful river in the eye,
Nor the dejected haviour of the visage,
Together with all forms, moods, shapes of grief,
That can denote me truly. These, indeed, seem;
For they are actions that a man might play;
But I have that within which passes show–
These but the trappings and the suits of woe.

1. vailed : 내려 깔린 (lowered, downcast)
2. windy susperation : 길게 쉬는 숨소리
3. haviour = behaviour : 겉모습 (appearance)
4. denote : 나타내다, 표시하다 (designate)
5. trappings : 허식 (ornamental appendage)
6. woe: 슬픔, 비통

1. **장면 설명** : 덴마크의 왕자 햄릿의 아버지 선왕이 돌아가신 후 얼마 되지 않아서 햄릿의 어머니 거투르드는 남편의 동생인 클로디어스와 결혼하였다. 따라서 독일의 위텐버그에서 공부하고 있던 햄릿이 궁전으로 돌아와 아버지의 죽음을 애도하고 있는 중이다. 그런데 곧바로 어머니의 재혼이 이루어져 햄릿은 더욱 우울한 상태에 있다. 이러한 햄릿을 보고 왕비 거투르드가 죽음이란 자연의 섭리이니 너무 슬퍼하는 모습을 보이지 말라고 하는 장면이다.

2. 배우자가 죽은 후에 곧바로 재혼하는 사람에 대해서 어떻게 생각하는가? 우리 사회에서 그러한 사람에 대한 어떤 편견이 존재하는가?

3. "seem to be"와 "be"의 차이점을 분명하게 구분해 보시오.

4. 햄릿이 어머니의 말을 듣고 화를 내는 이유는 무엇이라고 생각하는가?

<1막 2장, 129-146>

Hamlet. O, that this too too solid flesh would melt,
Thaw, and resolve itself into a dew!
Or that the Everlasting had not fix'd
His canon 'gainst self-slaughter! O God! God!
How weary, stale, flat, and unprofitable,
Seem to me all the uses of this world!
Fie on't! Ah, fie! 'tis an unweeded garden,
That grows to seed; things rank and gross in nature
Possess it merely. That it should come to this!
But two months dead! Nay, not so much, not two.
So excellent a king that was to this
Hyperion to a satyr; so loving to my mother,
That he might not beteem the winds of heaven
Visit her face too roughly. Heaven and earth!
Must I remember? Why, she would hang on him
As if increase of appetite had grown
By what it fed on; and yet, within a month –
Let me not think on't. Frailty, thy name is woman! –

1. O, that this too —: 햄릿의 최초의 독백 O, that: I wish that과 같은 표현
2. solid : 단단한, 딱딱한
3. thaw : 녹다, 풀리다
4. resolve : 녹이다, 용해하다
5. the Everlasting : God
6. flat : 납작한, 김빠진
7. rank and gross : 천한, 상스러운 (nasty)
8. beteem : 허락하다 (allow, permit)
9. hang on : cling to

1. 햄릿은 어머니의 재혼이 너무 빠른 것을 못마땅하게 여기고 있으며, 또한 돌아가신 선왕의 인품에 비하면 숙부는 너무나 부족한 사람이라고 생각한다. 따라서 그렇게 훌륭한 아버지를 너무나 쉽게 잊어버리는 어머니를 책망하며 여성 전체를 비난하고 있다.

2. 햄릿의 대사를 보면 자살을 생각하고 있는 듯하다. 다만 신의 계명이 자살을 금하고 있기 때문에 고민하고 있다. 아버지의 죽음을 이토록 애도하는 아들에 대해 어떻게 생각하는가? 현대에도 이런 아들이 존재하는가?

3. Hyperion과 Satyr는 고전 신화에 등장하는 인물들이다. 이들에 대해 조사해 보고, 서로 비교해 보시오.

4. 여성은 남성에 비해 변덕스럽고 쉽게 변한다고 생각하는가? 만약 그렇다면 그 이유는 무엇이라고 생각하는가?

<3막 1장, 56-76>

Hamlet. To be, or not to be – that is the question;
Whether 'tis nobler in the mind to suffer
The slings and arrows of outrageous fortune,
Or to take arms against a sea of troubles,
And by opposing end them? To die, to sleep–
No more; and by a sleep to say we end
The heart-ache and the thousand natural shocks
That flesh is heir to. 'Tis a consummation
Devoutly to be wished. To die, to sleep;
To sleep, perchance to dream. Ay, there's the rub;
For in that sleep of death what dreams may come,
When we have shuffled off this mortal coil,
Must give us pause. There's the respect
That makes calamity of so long life;
For who would bear the whips and scorns of time,
The oppressor's wrong, the proud man's contumely,
The pangs of despised love, the law's delay,
The insolence of office, and the spurns
That patient merit of the unworthy takes,
When he himself might his quietus make
With a bare bodkin?

1. slings : 돌팔매들
2. outrageous : 사나운, 변덕스러운
3. to say : suppose
4. consummation : 완성, 완결, 종말
5. rub : 방해물
6. shuffle off : 속박을 벗어나다
7. mortal coil : 삶의 굴레
8. respect : reason

9. calamity : 재난, 불행
10. contumely : 오만 불손함
11. pangs : 고통, 번민
12. spurns : 발로 차기, 멸시
13. quietus : 빚을 갚음, 사람이 태어났다가 죽는 것을 말함.
14. bodkin : small dagger

---

1. **장면 설명** : 햄릿은 친구인 호레이쇼로부터 아버지의 유령이 나타난다는 소식을 듣고 시간을 맞춰 그 장소에 나가 유령과 만나 얘기를 듣는다. 유령은 자신이 억울하게 독살을 당했으며, 살인자는 현재 왕관을 쓰고 있는 햄릿의 숙부임을 알려준다. 햄릿은 그 자리에서 복수를 맹세하고 그 후로 미친 척하며 이상한 태도를 보이지만, 마음에 갈등과 혼란을 겪는다. 과감하게 복수를 감행하지 못하는 자신을 못마땅하게 여기며 햄릿은 죽음을 생각한다.

2. 죽음에 대해 생각해 본 적이 있는가? 죽음은 두려움의 대상인가, 아니면 욕망의 대상인가?

3. 죽음 이후의 삶 때문에 고민하는 햄릿의 태도를 공감할 수 있는가?

4. 죽음에 대한 기독교적 해석은 무엇인가? 또한 불교나 다른 종교는?

5. 복수는 정당하다고 생각하는가? 누군가 당신의 가족에게 큰 피해를 입혔거나 살해했다면, 그에게 똑같은 방식으로 복수하는 것이 옳은 일인가?

<3막 1장, 135-154>

Hamlet. If thou dost marry, I'll give thee this plague for thy dowry: be thou as chaste as ice, as pure as snow, thou shalt not escape calumny. Get thee to a nunnery, go, farewell. Or, if thou wilt needs marry, marry a fool; for wise men know well enough what monsters you make of them. To a nunnery, go; and quickly too. Farewell.

Ophelia. O heavenly powers, restore him!

Hamlet. I have heard of your paintings too, well enough; God hath given you one face, and you make yourselves another. You jig and amble, and you lisp, and nickname God's creatures, and make your wantonness your ignorance. Go to, I'll no more on it; it hath made me mad. I say we will have no more marriage: those that are married already, all but one, shall live; the rest shall keep as they are. To a nunnery, go.

Ophelia. O, what a noble mind is here overthrown!
The courtier's, soldier's, scholar's, eye, tongue, sword;
The expectancy and rose of the fair state,
The glass of fashion and the mould of form,
The observed of all observers – quite, quite down!

1. plague : 저주, 역병
2. dowry : 지참금
3. calumny : 중상, 비방 (slander)
4. needs : 반드시, 꼭
5. jig and amble : 여성이 멋 부리기 위해 부자연스럽게 걷는다
6. lisp : 혀 짧은 소리를 내다
7. wantonness : 음탕함
8. overthrown : 무너진, 전복된
9. mould of form : 만인의 규범, 형태를 만드는 거푸집

1. **장면 설명** : 햄릿은 자신이 사랑하는 오필리어에게도 미친 사람처럼 행동하지만, 여성에 대한 혐오감을 분명하게 보여주고 있다. 오필리어를 수녀원으로 가라고 종용하는 것은 어머니의 결혼에 대한 햄릿의 혐오감이 잘 드러나 있다.

2. 결혼한 삶과 수녀로서의 삶은 어떤 장점과 단점을 지니고 있을까? 수녀나 수사와 같은 종교인으로의 삶을 생각해본 사람이 있는가?

3. 햄릿은 여성을 비하하는 태도를 보여주는데, 이를 어떻게 이해해야 할 것인가? 여성의 화장이나 성형에 대해 부정적인 생각을 가진 사람과 그렇지 않은 사람의 견해를 비교해 보시오.

4. 이 대사를 생각해 볼 때, 햄릿이 미쳤다고 판단할 수 있을까?

5. 햄릿은 이 대사를 할 때 어떤 제스처와 연기를 보여주는 것이 적절할 것인가?

<3막 3장, 36-56>

King. O, my offence is rank, it smells to heaven;
It hath the primal eldest curse upon it—
A brother's murder! Pray can I not,
Though inclination be as sharp as will.
My stronger guilt defeats my strong intent,
And, like a man to double business bound,
I stand in pause where I shall first begin,
And both neglect. What if this cursed hand
Were thicker than itself with brother's blood,
Is there not rain enough in the sweet heavens
To wash it white as snow? Whereto serves mercy
But to confront the visage of offence?
And what's in prayer but this twofold force,
To be forestalled ere we come to fall,
Or pardoned being down? Then I'll look up.
My fault is past. But, O, what form of prayer
Can serve my turn? 'Forgive me my foul murder'!
That cannot be; since I am still possessed
Of those effects for which I did the murder—
My crown, mine own ambition, and my queen.
May one be pardoned and retain the offence?

1. rank : 고약한 냄새가 나는, 썩은
2. the primal eldest curse : 아벨을 죽인 죄로 카인이 받은 저주를 가리킨다.
3. inclination : 기울기, 경향, 기도를 원하는 마음
4. to double business bound : 서로 다른 일을 동시에 해야 하는
5. What if : even supposing that
6. whereto : 무엇에, 어디로
7. but to : if not to
8. confront the visage of offence : 죄의 얼굴에 맞서 용서를 얻다
9. twofold : 이중의, 두 배의

10. in prayer : 주기도문에 있는 내용("lead us not into temptation"과 "Forgive us our trespasses")
11. forestall : ~을 앞지르다, 앞서 방해하다
12. the offence : 약탈물

1. **장면 설명** : 햄릿의 숙부 클로디어스는 햄릿이 준비한 극중극의 내용을 보고, 자신이 저지른 형제살인의 무서운 죄를 깨닫고 황급하게 그 자리를 떠나 회개의 기도를 하려 혼자 독백하고 있다. 햄릿은 극중극을 보고 당황하는 왕의 표정을 보고 유령의 말이 사실임을 확신한다. 하지만 기도를 하고 있는 왕의 뒷모습을 바라보고 복수를 미룬다.

2. 기독교에서 회개란 무엇을 말하는가? 기독교에서는 클로디어스와 같은 죄인도 용서를 받을 수 있다고 가르치는가?

3. 클로디어스의 기도가 하늘로 올라가지 못하는 이유는 무엇인가?

4. 만약 당신이 클로디어스의 변호를 맡았다면, 어떻게 변호할 수 있을 것인가?

<4막 3장, 16-31>

King. Now, Hamlet, where's Polonius?
Hamlet. At supper.
King. At supper! Where?
Hamlet. Not where he eats, but where he is eaten; a certain convocation of politic worms are even at him. Your worm is your only emperor for diet: we fat all creatures else to fat us, and we fat ourselves for maggots; your fat king and your lean beggar is but variable service – two dishes, but to one table. That's the end.
King. Alas, alas!
Hamlet. A man may fish with the worm that hath eat of a king, and eat of the fish that hath fed of that worm.
King. What dost thou mean by this?
Hamlet. Nothing but to show you how a king may go a progress through the guts of a beggar.

1. convocation : 집회, 회의
2. only emperor for diet : 먹는 데는 유일무이한 황제
3. fat : fatten
4. variable : different courses in a meal, variable : various
5. progress : 진행, 진전
6. guts : 창자, 내장

1. **장면 설명** : 햄릿은 극중극 공연을 통해 숙부 클로디어스가 아버지의 살인자라는 사실을 확인하고, 그를 죽일 생각을 하지만 그 전에 어머니의 부름을 따라 방에 들어간다. 그는 거기에서 어머니를 거칠게 몰아붙이며 어리석고 음탕한 결혼을 비난하다가, 마침 왕비의 신변보호를 위해 커튼 뒤에 숨어있던 폴로니어스가 내는 소리

를 듣고 클로디어스로 오인하여 죽이게 된다. 그 후 햄릿은 심경에 변화를 보이는데, 폴로니어스의 소재를 묻는 왕에게 철학적인 답변으로 일관하고 있다.

2. 왕, 구더기, 물고기, 거지의 상관관계가 어떻게 설명되고 있는가? 이러한 설명은 우리에게 어떤 깨달음을 주는가?

3. 햄릿이 여기에서 굳이 왕을 거론하는 이유는 무엇이라고 생각하는가? 셰익스피어가 이 대사를 통해 우리에게 전달하고자 하는 사상은 무엇이라고 생각하는가?

4. 구더기나 지렁이가 죽은 시체나 썩은 음식물을 먹고 흙으로 만들어내는 것을 본 적이 있는가?

5. 자연의 섭리에 대해 어떤 생각을 하게 되는가?

<5막 2장, 201-215>

Horatio. You will lose this wager, my lord.
Hamlet. I do not think so; since he went into France, I have been in continual practice. I shall win at the odds. But thou wouldst not think how ill all's here about my heart; but it is no matter.
Horatio. Nay, good my lord –
Hamlet. It is but foolery; but it is such a kind of gain-giving as would perhaps trouble a woman.
Horatio. If your mind dislike anything, obey it. I will forestall their repair hither, and say you are not fit.
Hamlet. Not a whit, we defy augury: there is a special providence in the fall of a sparrow. It it be now, 'tis not to come; if it be not to come, it will be now; if it be not now, yet it will come – the readiness is all. Since no man owes of aught he leaves, what is it to leave betimes? Let be.

1. wager : 내기, 노름
2. odds : (경기에서 약자에게 주는) 유리한 조건,
3. gain-giving : 불안감
4. forestall : prevent
5. fit : 건강이 좋은, 튼튼한
6. Not a whit : not a bit 조금도 상관없어
7. augury : 전조, 조짐
8. aught : 어떤 것, 무엇이나 (anything),
9. No man owes of aught he leaves : 사람은 언제 죽을지 모른다.
10. betimes : 일찍 (early)

1. **장면 설명**: 햄릿을 영국으로 보내 죽이려했던 클로디어스는 자신의 계획이 수포로 돌아가 햄릿이 다시 돌아온 것을 알게 되자, 이

번에는 다른 계략을 꾸민다. 즉, 아버지의 죽음을 복수하려 하는 레어티즈를 부추겨 햄릿과 검술시합을 하게 만들고, 레어티즈의 칼에 독을 묻힐 계획을 세운 것이다. 오즈릭을 통해 검술시합 내기를 통보받은 햄릿은 참여하겠다고 동의하는데, 불안을 느낀 친구 호레쇼는 이를 막으려 한다. 하지만 햄릿은 죽음을 초탈한 태도를 보여준다.

2. 극 초반에 햄릿의 모습과 이 장면에서 말하는 햄릿의 모습은 크게 다르다. 어떻게 다른지 조사해 보시오.

3. 죽음에 대해 초탈하기 위해서는 삶에 대한 어떤 시각이 필요한가?

4. 혹 우리는 삶에서 연연해하고, 불안해하고, 두려워하는 것들이 없는가? 그것들에 대해 초탈한 태도를 보일 수 있겠는가? 즉, 사랑, 가족, 친구, 직업, 학점, 등과 같은 우리의 많은 관심사를 생각해 보라. 이러한 관심사들은 죽음과 어떤 관계를 맺을 수 있겠는가?

5. 햄릿이 이렇게 변한 이유는 무엇 때문이라고 생각하는가?

King Lear

King Lear and the Fool in the Storm (1851), William Dyce

Lear and Cordelia in Prison (1779), William Blake

<1막 1장, 81-103>

Lear. Now, our joy,
Although our last and least; to whose young love
The vines of France and milk of Burgundy
Strive to be interess'd; what can you say to draw
A third more opulent than your sisters? Speak.
Cordelia. Nothing, my lord.
Lear. Nothing!
Cordelia. Nothing.
Lear. Nothing will come of nothing. Speak again.
Cordelia. Unhappy that I am, I cannot heave
My heart into my mouth. I love your Majesty
According to my bond; no more nor less.
Lear. How, how, Cordelia! Mend your speech a little,
Lest you may mar your fortunes.
Cordelia. Good my lord,
You have begot me, bred me, loved me; I
return those duties back as are right fit,
Obey you, love you, and most honour you.
Why have my sisters husbands, if they say
They love you all? Haply, when I shall wed,
That lord whose hand must take my plight shall carry
Half my love with him, half my care and duty.
Sure I shall never marry like my sisters,
To love my father all.

1. vines : vineyard 포도원
2. milk : pasture 목장
3. to be interess'd : to have a legal right to
4. draw : win 도박용어에서 나온 표현
5. opulcnt : 풍요로운 (rich, ample)
6. beget : 낳다

7. heave : 올리다, 부풀리다
8. all : only
9. plight : pledge 서약

---

1. **장면 설명** : 고대 영국의 늙은 왕 리어는 세 딸을 불러모아놓고 아버지를 얼마나 사랑하는지 말해보도록 명한다. 그리고 그들의 사랑의 정도에 따라 왕국을 나누어주겠다고 선언한다. 첫째 딸 거너릴과 둘째 딸 리건은 마음에 없는 미사여구를 사용해서 아버지를 사랑한다고 거짓을 말하지만, 셋째 딸 코딜리아는 이러한 언니들의 말이 모두 거짓임을 알고 있기에 그들과 마찬가지로 거짓을 고하기를 거부한다.

2. 리어의 요구에 대해 어떻게 생각하는가? 늙은 아버지의 욕심으로 보아야 할 것인가? 아니면 충분히 이해할 수 있는 요구인가? 리어의 결정에서 정치적 오류를 찾아본다면?

3. 거너릴이나 리건과 달리 진실을 말하는 코딜리아에 대해 어떻게 생각하는가?

4. 같은 부모 밑에서 전혀 다른 성격의 자식이나 전혀 다른 외모의 자식이 나오는 현상에 대해 어떻게 생각하는가?

5. 부모와 자식, 형제와 형제간의 갈등의 원인은 주로 무엇이라고 생각하는가?

<1막 2장, 1-22>

Edmund. Thou, Nature, art my goddess; to thy law
My services are bound. Wherefore should I
Stand in the plague of custom, and permit
The curiosity of nations to deprive me,
For that I am some twelve or fourteen moonshines
Lag of a brother? Why bastard? Wherefore base?
When my dimensions are as well compact,
My mind as generous, and my shape as true,
As honest madam's issue? Why brand they us
With base? with baseness? bastardy? base, base?
Who, in the lusty stealth of nature, take
More composition and fierce quality
Than doth, within a dull, stale, tired bed,
Go to the creating a whole tribe of fops
Got between asleep and wake? Well then,
Legitimate Edgar, I must have your land.
Our father's love is to the bastard Edmund
As to the legitimate. Fine word 'legitimate'!
Well, my legitimate, if this letter speed,
And my invention thrive, Edmund the base
Shall top the legitimate. I grow; I prosper.
Now, gods, stand up for bastards.

---

1. wherefore : why
2. plague : 흑사병, 저주, 재앙, 귀찮은 일
3. curiosity : 신중함, 까다로움(고어)
4. deprive me : keep me out of my right
5. moonshines : months
6. lag of : behind, later than
7. dimensions : 놈집
8. compact : 잘 짜여진

9. honest madam : 정부인
10. stealth : 은밀한 행위
11. composition : 심신의 구성
12. fops : fools
13. got : begotten
14. invention : plan
15. top : surpass, go above

---

1. **장면 설명** : 리어왕의 신하 글로스터에게는 아들 둘이 있다. 그 중에 하나는 정부인에게 낳은 에드거이고, 다른 하나는 불륜을 통해 얻은 에드먼드이다. 에드먼드는 서자의 신분으로 자신이 겪는 불이익을 불만스럽게 여기고 있으며, 음모를 꾸며서라고 형인 에드거의 권리를 차지하고자 하는 욕망을 보이고 있다.

2. 셰익스피어 당대 영국사회에서 서자에 대한 처우가 어떠했는지 조사해 보시오.

3. 남성의 불륜에 대해 어떻게 생각하는가? 또한 다른 여성을 통해 자식을 낳게 되었을 경우, 이에 대한 책임은 어떻게 져야 한다고 생삭하는가?

4. 현대 사회에서 도덕적인 이유 때문에 불이익을 당하고 있는 계층이 있다고 생각하는가? 만약 그렇지 않다면, 무엇이 달라졌기 때문이라고 생각하는가?

5. 서자인 에드먼드의 불만과 음모를 어떻게 생각하는가? 공감하는가, 아니면 악당으로 생각하는가?

<3막 2장, 1-20>

Lear. Blow, winds, and crack your cheeks! rage! blow!
You cataracts and hurricanoes, spout
Till you have drenched our steeples, drowned the cocks.
You sulphurous and thought-executing fires,
Vaunt-couriers of oak-cleaving thunderbolts,
Singe my white head. And thou, all-shaking thunder,
Strike flat the thick rotundity of the world!
Crack nature's moulds, all germens spill at once,
That makes ingrateful man!

Fool. O nuncle, court holy water in a dry house is better than this rain-water out of door. Good nuncle, in; ask thy daughters' blessing. Here's a night pities neither wise men nor fools.

Lear. Rumble thy bellyful! Spit, fire! spout!, rain!
Nor rain, wind, thunder, fire, are my daughters.
I tax not you, you elements, with unkindness;
I never gave you kingdom, called you children;
You owe me no subscription. Then let fall
Your horrible pleasure. Here I stand, your slave,
A poor, infirm, weak and despised old man;

1. crack your cheeks : 바람을 사람에 비유하여 입으로 불어댈 때 너무 세게 불어 빰이 찢어지는 모습
2. cataracts : 억수 같은 폭우
3. hurricanoes : water spouts 폭풍과 같은 물의 분출
4. steeples : 첨탑
5. cocks : 지붕에 꽂아놓은 바람개비
6. sulphurous : 독기서린, 유황의
7. thought-executing : 신의를 집행하는
8. vaunt-couriers : 선구자 (forerunners), 선두주자

9. singe : 불태우다
10. rotundity : 둥근 모양, 지구의 구체를 표현
11. moulds : 주형
12. germens : 종자
13. spill : destroy
14. court holy water : flattering speeches
15. rumble : 덜거덕거리다. rumble thy bellyful : 배가 터질 때까지 우르릉거려라.
16. subscription : 복종 (submission, obedience)
17. infirm : 약한, 허약한

---

1. **장면 설명** : 셋째 딸 코딜리아를 지참금도 없이 쫓아내어 프랑스 왕에게 보내버린 리어는 코딜리아의 몫을 다른 두 딸 거너릴과 리건에게 나누어 준 후, 딸들의 집에서 지내려 하지만 수많은 기사를 거느린 아버지를 모시는데 인색한 딸들은 결국 기사들을 줄이려 하고 아버지에게 무례한 태도를 보이고, 이에 분노한 리어는 딸들을 저주한 후 폭풍우가 퍼붓는 황야로 나간다. 억수같이 퍼붓는 폭풍우 속에서 리어 곁에는 충직한 신하 켄트와 광대만이 남아있다. 리어는 거의 반미치광이가 되어 분노를 표현하고 있다.

2. 연극 무대 위에서 폭풍우가 몰아치는 황야를 연출하려면 어떤 방법이 가장 효과적일 것인가?

3. 리어의 분노를 공감할 수 있는가? 자신이 왕국을 나누어주고 권력

을 준 딸들에게 쫓겨난 리어에게 여러분이 해주고 싶은 충고가 있다면?

4. 만약 여러분이 리어왕의 신하였다면 어떻게 행동하였을 것인가? 광대나 켄트는 어떤 부류의 인물로 여겨지는가?

5. 리어의 성격을 분석해 본다면?

<4막 1장, 32-49>

Glocester. He has some reason, else he could not beg.
In the last night's storm I such a fellow saw;
Which made me think a man a worm. My son
Came then into my mind; and yet my mind
Was then scarce friends with him. I have heard more since.
As flies to wanton boys are we to the gods—
They kill us for their sport.
Edgar. [Aside] How should this be?
Bad is the trade that must play fool to sorrow,
Angering itself and others.— Bless thee, master!
Glocester. Is that the naked fellow?
Old Man. Aye, my lord.
Glocester. Then, prithee, get thee away. If for my sake
Thou wilt overtake us, hence a mile or twain
In the way toward Dover, do it for ancient love;
And bring some covering for this naked soul,
Which I'll entreat to lead me.
Old Man. Alak, sir, he is mad.
Glocester. 'Tis the times' plague when madmen lead the blind.
Do as I bid thee, or rather do thy pleasure;
Above the rest, be gone.

1. else : 그렇지 않다면
2. wanton : 장난꾸러기의
3. overtake : 따라잡다 (come up with)

1. **장면 설명** : 글로스터는 서자인 에드먼드의 거짓편지에 속아 적자인 에드거가 자신을 죽이려 한다고 믿고 에드거를 잡으려 하지만

에드거는 피신하여 미치광이 행세를 한다. 한편 리어왕을 쫓아낸 리건과 그의 남편 콘월은 리어를 도와 반역을 꾀한다는 이유로 글로스터를 붙잡아 그의 두 눈을 뽑아버리는 잔인한 행위를 한다. 눈이 뽑힌 글로스터는 노인의 도움으로 미치광이 행세를 하는 아들 에드거를 만나 아들인 줄도 모른 채 그에게 의지한다.

2. 글로스터가 겪은 일을 리어가 겪은 일과 비교해 보시오. 어떤 연관성이 있다고 생각하는가?

3. 아버지와 아들, 아버지와 딸의 관계는 어떻게 다르다고 생각하는가?

4. 미치광이가 맹인을 인도하면 어떤 일이 벌어질까? 그런 비유는 어떤 의미를 담고 있는가?

5. 영국의 도버 해협은 어디쯤인지 조사해 보시오. 어떤 상징성을 지니고 있을까?

6. "눈이 멀어야 앞을 볼 수 있고, 귀가 멀어야 제대로 들을 수 있고, 미쳐야 제 정신이 든다" 는 말은 대표적인 역설 표현인데, 글로스터와 리어의 경우에 적용시켜 보시오.

<4막 6장, 150-174>

Lear. What, art mad? A man may see how this world goes with no eyes. Look with thine ears. See how yond justice rails upon yond simple thief. Hark, in thine ear: change places and, handy-dandy, which is the justice, which is the thief? Thou hast seen a farmer's dog bark at a beggar?

Glocester. Ay, sir.

Lear. And the creature run from the cur? There thou might behold the great image of authority: a dog's obeyed in office.
Thou rascal beadle, hold thy bloody hand.
Why dost thou lash that whore? Strip thy own back;
Thou hotly lusts to use her in that kind
For which thou whip her. The usurer hangs the cozener.
Through tattered clothes small vices do appear;
Robes and furred gowns hide all. Plate sin with gold,
And the strong lance of justice hurtless breaks;
Arm it in rags, a pigmy's straw does pierce it.
None does offend, none—I say none; I'll able them.
Take that of me, my friend, who have the power
To seal the accuser's lips. Get thee glass eyes,
And, like a scurvy politician, seem
To see the things thou dost not. Now, now, now, now!
Pull off my boots. Harder, harder—so.

1. handy-dandy : take your choice 어느 손 안에 있느냐?
2. rascal : 악당, 천한
3. beadle : 하급관리
4. lash : 채찍질하다
5. usurer : 고리대금업자

6. cozener : 사기꾼
7. tattered : 누더기의
8. Robes and furred gowns : 법관복과 모피 가운 (고위계층이 입는 옷을 상징)
9. lance : 창
10. hurtless : doing no harm
11. able : authorize, 보증하다
12. scurvy : 비열한 (vile)

---

1. **장면 설명** : 에드거의 도움으로 도버 해협 인근에서 리어를 만난 글로스터가 리어와 대화하는 장면이다. 정신상태가 올바르지 않은 리어는 글로스터를 거너릴로 착각하기도 하지만, 글로스터는 목소리를 통해 상대가 리어임을 알아본다.

2. 리어의 대사를 들으면 그가 미쳤다는 사실을 알 수 있는가? 어떤 점에서 그러한가?

3. 재판관과 도둑, 관리와 창녀가 다를 바 없다는 리어의 대사를 통해 셰익스피어가 전달하고자 하는 바는 무엇이라고 생각하는가?

4. "Look with thine ears"와 같은 표현은 셰익스피어가 즐겨 사용하는 모순어법인데, 이러한 표현은 어떤 목적을 지니고 있는 것이라고 생각하는가?

5. 미친 리어가 대변하는 이데올로기는 무엇인가?

<4막 7장, 57-74>

Cordelia. O, look upon me, sir,
And hold your hands in benediction over me.
No, sir, you must not kneel.
Lear. Pray, do not mock me:
I am a very foolish fond old man,
Fourscore and upward, not an hour more nor less;
And, I am not in my perfect mind.
Methinks I should know you, and know this man;
Yet I am doubtful; for I am mainly ignorant
What place this is; and all the skill I have
Remembers not these garments; nor I know not
Where I did lodge last night. Do not laugh at me;
For, as I am a man, I think this lady
To be my child Cordelia.
Cordelia. And so I am, I am.
Lear. Be your tears wet? Yes, faith. I pray weep not;
If you have poison for me I will drink it.
I know you do not love me; for your sisters
Have, as I do remember, done me wrong:
You have some cause, they have not.

1 benediction : blessing 축복
2. fond : foolish
3. fourscore and upward : over eighty abut not yet eighty-one
4. deal : do, act
5. skill : wit, mental power 지력
6. garments : 의복
7. lodge : 투숙하다, 묵다

1. **장면 설명**: 리어가 프랑스 왕에게 시집간 딸 코딜리아를 만나는 장면이다. 코딜리아는 충직한 신하 켄트의 연락을 통해 리어가 어떤 어려움에 처해있는지 알고, 프랑스 군사를 이끌고 영국으로 진격해 온 상태이다.

2. 리어가 코딜리아 앞에 무릎을 꿇는 것은 어떤 의미를 갖는다고 생각하는가?

3. 부모와 자식, 왕과 신하, 주인과 하인 사이의 이상적인 관계는 어떤 것이어야 한다고 생각하는가?

4. 현대 사회에서 부모와 자식 간의 갈등은 주로 무엇에서 기인하는가? 그러한 갈등을 해결할 수 있는 방안은 무엇이라고 생각하는가?

5. 세 딸과의 경험을 통해 리어가 깨닫게 된 진실은 무엇이라고 생각하는가?

<5막 3장, 4-18>

Cordelia. We are not the first
Who with best meaning have incurred the worst.
For thee, oppressed King, am I cast down;
Myself could else out-frown false Fortune's frown.
Shall we not see these daughters and these sisters?
Lear. No, no, no! Come, let's away to prison.
We two alone will sing like birds in the cage;
When thou dost ask me blessing, I'll kneel down
And ask of thee forgiveness; so we'll live,
And pray, and sing, and tell old tales, and laugh
At gilded butterflies, and hear poor rogues
Talk of court news; and we'll talk with them too−
Who loses and who wins; who's in, who's out−
And take upon's the mystery of things
As if we were God's spies; and we'll wear out
In a walled prison packs and sects of great ones
That ebb and flow by the moon.

---

1. incur : ~에 부딪히다, (위해를) 당하다
2. cast down : thrown down to the ground 우울한
3. out-frown : 도리어 위압하다
4. false : 변덕스런 (inconstant)
5. gilded butterflies : 금도금한 나비들 (경박한 궁정인을 암시함)
6. rogues : 악한, 불량배
7. take upon's : pretend to understand
8. wear out : outlive 더 오래 살다
9. packs : 음모 (plots, conspiracies)
10. sects : 당파 (parties, factions)
11. by the moon : every month

1. **장면 설명**: 코딜리아의 프랑스군은 에드먼드가 이끄는 영국군에 패배하여, 코딜리아와 리어는 에드먼드의 포로가 되고 만다. 코딜리아는 아버지의 안위가 걱정되어 언니들을 만나지 않겠느냐고 묻지만, 리어는 절대 원치 않는다. 오히려 그는 기꺼이 코딜리아와 함께 감옥으로 가고자 한다.

2. 리어는 코딜리아를 만나고 난 후 광기에서 벗어나는데, 광기는 어떻게 해서 생겨난다고 생각하는가? 미친 사람과 정상인과의 차이는 무엇이라고 생각하는가?

3. 셰익스피어는 이 극에서 광기를 어떤 수단으로 이용하고 있다고 생각하는가?

4. 왕의 지위에서 미치광이 거지의 처지까지 하락한 리어의 대사를 보면 권력에 대한 관심이 없고, 오히려 궁정인에 대한 조롱과 비판이 들어있다. 권력가나 정치가에 대한 여러분의 생각은 어떤가?

5. 최고 권력자의 지위에서 비참한 처지로 전락한 경우를 역사에서 찾아볼 수 있는가? 혹은 엄청난 부의 소유자에서 비참한 상황으로 전락한 경우를 우리 주변에서 찾아볼 수 있는가?

<5막 3장, 257-274>

Lear. Howl, howl, howl! O! you are men of stones:
Had I your tongue and eyes, I'd use them so
That heaven's vault should crack. She's gone forever.
I know when one is dead and when one lives;
She's dead as earth. Lend me a looking-glass;
If that her breath will mist or stain the stone,
Why, then she lives.
Kent. Is this the promised end?
Edgar. Or image of that horror?
Albany. Fall and cease!
Lear. This feather stirs; she lives. If it be so,
It is a chance which does redeem all sorrows
That ever I have felt.
Kent. O my good master! [*kneeling*]
Lear. Prithee away.
Edgar. 'Tis noble Kent, your friend.
Lear. A plague upon you, murderers, traitors all!
I might have saved her; now she is gone for ever.
Cordelia, Cordelia! stay a little. Ha!
What is it thou say'st? Her voice was ever soft,
Gentle, and low—an excellent thing in woman.
I killed the slave that was a-hanging thee.

1. vault : 천장
2. crack : 금이 가게하다
3. mist : 안개가 끼다, 흐려지다
4. Fall and cease : Let the heavens fall and everything come to an end.
5. redeem : 보상하다 (amend)
6. a-hanging : in the act of hanging

1. **장면 설명** : 에드먼드는 리어와 코딜리아를 감옥에 감금시킨 뒤, 부하를 시켜 이들을 살해하도록 지시한다. 비록 에드먼드는 에드거와의 결투에서 패배하고 죽기 전에 이 사실을 알리지만, 때는 이미 늦어 감옥에서 코딜리아가 살해당하고 만다. 분노와 슬픔으로 다시 한번 정신이 혼미해진 리어가 코딜리아의 시체를 들고 등장하여 슬퍼하는 장면이다.

2. 자식을 먼저 보낸 부모의 슬픔을 상상할 수 있을까? 그것도 자신이 가장 사랑하고 의지하던 자식이라면?

3. 코딜리아의 죽음을 어떻게 생각하는가? 코딜리아의 죽음은 도덕적 당위성이 있는가? 만약 없다면 이 작품이 전달하는 의미는 무엇이라고 생각하는가?

4. 비극적 결말과 삶의 부조리성은 어떻게 다르다고 생각하는가?

5. 거너릴, 리건, 에드먼드가 대변하는 셰익스피어 당대 새로운 사상은 무엇이라고 생각하는가?

Romeo and Juliet

Romeo and Juliet (1870), Ford Madox Brown

<1막 1장, 79-101>

Prince. Rebellious subjects, enemies to peace,
Profaners of this neighbour-stained steel—
Will they not hear? What, ho! you men, you beasts,
That quench the fire of your pernicious rage
With purple fountains issuing from your veins!
On pain of torture, from those bloody hands
Throw your mistempered weapons to the ground,
And hear the sentence of your moved prince.
Three civil brawls, bred of an airy word,
By thee, old Capulet, and Montague,
Have thrice disturbed the quiet of our streets
And made Verona's ancient citizens
Cast by their grave beseeming ornaments
To wield old partisans, in hands as old,
Cankered with peace, to part your cankered hate.
If ever you disturb our streets again,
Your lives shall pay the forfeit of the peace.
For this time all the rest depart away.
You, Capulet, shall go along with me;
And, Montague, come you this afternoon,
To know our farther pleasure in this case,
To old Free-town, our common judgment-place.
Once more, on pain of death, all men depart.

1. rebellious : 반항적인, 고집 센
2. profaners : 불경스런 자들
3. neighbour-stained steel : 이웃의 피로 물들인 칼
4. pernicious : 유독한, 치명적인
5. purple fountains : blood
6. moved : offended, exasperated분노한
7. bred : 생겨난, (breed의 과거분사)
8. thrice : 3회, 몇 번이고

9. cast by : throw off 던져버리다
10. grave beseeming ornaments : 나이에 어울리는 점잖은 복장
11. wield : 휘두르다, 사용하다
12. cankered with peace : 평화가 녹슬은
13. cankered hate : 부패한, 나쁜
14. pay the forfeit of the peace : 치안 방해죄로 벌 받다.

---

1. **장면 설명** : 극의 첫 장면에서 베로나의 앙숙인 캐퓰릿 가문과 몬태규 가문의 하인들이 서로 시비를 걸어 거리에서 싸움을 벌이고 있는 동안, 이 소식을 듣고 나타난 영주 에스컬러스가 두 가문 사람들을 꾸짖고 있는 장면이다. 두 가문이 서로 원한에 사무쳐 있으며, 영주에게는 두 가문 간의 증오와 반목이 베로나 시의 평화를 깨트리는 골칫거리임을 알 수 있다.

2. 현대 사회에서도 서로 증오하고 반목하여 대중의 평화와 안정을 위협하는 집안이 있는가? 만약 가문이나 집안이 아니라면, 현대에는 어떤 집단이 이런 갈등을 유발시킨다고 생각하는가?

3. 이러한 증오와 반목을 가라앉히고 화해를 유도할 수 있는 방안은 무엇이라고 생각하는가?

4. 갈등과 대립을 겪고 있는 집단의 구성원들이 서로 사랑하여 결합하는 경우 그것이 집단의 화해로 이어진다고 생각하는가?

<1막 5장, 99-116>

Romeo. [To Juliet] If I profane with my unworthiest hand
This holy shrine, the gentle fine is this:
My lips, two blushing pilgrims, ready stand
To smooth that rough touch with a tender kiss.
Juliet. Good pilgrim, you do wrong your hand too much,
Which mannerly devotion shows in this;
For saints have hands that pilgrims' hands do touch,
And palm to palm is holy palmers' kiss.
Romeo. Have not saints lips, and holy palmers too?
Juliet Ay, pilgrim, lips that they must use in prayer.
Romeo. O, then, dear saint, let lips do what hands do!
They pray; grant thou, lest faith turn to despair.
Juliet. Saints do not move, though grant for prayers' sake.
Romeo. Then move not while my prayer's effect I take.
Thus from my lips by thine my sin is purged.
[kissing her]
Juliet. Then have my lips the sin that they have took.
Romeo. Sin from my lips? O trespass sweetly urged!
Give me my sin again. [kissing her]
Juliet. You kiss by the book.

1. shrine : 성소, 성지 * this holy shrine: 줄리엣의 손을 가리킨다.
2. fine: penalty * gentle fine은 kissing을 가리킨다.
3. palm : 손바닥
4. palmer : 성지순례자
5. move : 움직이다 (take the initiative)
6. though grant : though they grant
7. trespass : 침해, 간섭
8. by the book: by instruction in a book of etiquette

1. **장면 설명**: 몬태규 가문의 아들 로미오는 수녀가 되기로 맹세한 여성 로잘라인에 대한 사랑 때문에 우울한 젊은이다. 로미오의 친구들은 로미오의 기분을 북돋아주기 위해 캐퓰릿 집안에서 열리는 가면무도회에 몰래 참가하자고 제안한다. 가면무도회에 순례자복장으로 참가한 로미오는 캐퓰릿 집안의 외동딸 줄리엣을 보자마자 한 눈에 반해 그녀에게 말을 건다.

2. “First sight love”를 믿는가? 첫눈에 반한 사랑의 문제점을 논해 보시오.

3. 로미오와 줄리엣의 사랑과 우리나라 춘향과 이몽룡의 사랑을 비교해 보시오.

4. 로미오가 줄리엣에게 처음 접근하는 태도에 대해 토론해 보시오. 호감이 가는 여성에게 어떻게 행동하는 것이 상대방의 호감을 얻을 수 있는 방법이라고 생각하는가?

5. 서양의 가면무도회에는 어떤 욕망이 내재되어 있다고 생각하는가?

<2막 2장, 107-124>

Romeo. Lady, by yonder blessed moon I vow,
That tips with silver all these fruit-tree tops
Juliet. O, swear not by the moon, the inconstant moon,
That monthly changes in her circled orb,
Lest that thy love prove likewise variable.
Romeo. What shall I swear by?
Juliet. Do not swear at all;
Or, if thou wilt, swear by thy gracious self,
And I'll believe thee.
Romeo. If my heart's dear love
Juliet. Well, do not swear. Although I joy in thee,
I have no joy of this contract to-night:
It is too rash, too unadvised, too sudden;
Too like the lightning, which doth cease to be
Ere one can say "It lightens". Sweet, good night!
This bud of love, by summer's ripening breath,
May prove a beauteous flower when next we meet.
Good night, good night! As sweet repose and rest
Come to thy heart as that within my breast!

1. yonder : 저기에, 저쪽에 (over there)
2. tips : covers on the top
3. circled orb : circular orbit, 달이 움직이는 궤도
4. likewise : 똑같이, 마찬가지로
5. contract : 계약, 약정
6. rash : 분별없는, 경솔한
7. bud : 싹, 봉오리

1. **장면 설명** : 무도회에서 줄리엣을 만나 한 눈에 반한 로미오는 무도회가 끝난 후에도 줄리엣을 잊지 못해 친구들이 모두 돌아간 후에

다시 줄리엣의 창문 아래로 숨어들어와 그녀의 모습을 훔쳐본다. 그리고 결국 그녀에게 말을 걸어 사랑의 맹세를 하려 한다. 하지만 줄리엣은 사랑의 맹세를 원치 않는다.

2. 줄리엣이 로미오가 사랑의 맹세를 하지 못하도록 막는 것은 무엇 때문이라고 생각하는가?

3. 남성의 사랑의 맹세는 얼마나 진실하다고 생각하는가? 우리가 맹세할 때 주로 무엇을 걸고 맹세하는가? 서양과 우리나라의 경우 차이점이 있다고 생각하는가?

4. 현대 젊은이들도 사랑의 맹세를 자주 하는가?

<2막 6장, 16-36>

Friar Lawrence. Here comes the lady. O, so light a foot
Will never wear out the everlasting flint.
A lover may bestride the gossamer
That idles in the wanton summer air
And yet not fall, so light is vanity.
Juliet. Good even to my ghostly confessor.
Friar Lawrence. Romeo shall thank thee, daughter, for us both.
Juliet. As much to him, else is his thanks too much.
Romeo. Ah, Juliet, if the measure of thy joy
Be heaped like mine, and that thy skill be more
To blazon it, then sweeten with thy breath
This neighbour air, and let rich music's tongue
Unfold the imagined happiness that both
Receive in either by this dear encounter.
Juliet. Conceit, more rich in matter than in words,
Brags of his substance, not of ornament.
They are but beggars that can count their worth;
But my true love is grown to such excess
I cannot sum up sum of half my wealth.
Friar Lawrence. Come, come with me, and we will make short work;
For, by your leaves, you shall not stay alone
Till holy church incorporate two in one.

1. flint : 부싯돌, 단단한 물건
2. bestride : 걸터앉다
3. gossamer : 거미줄
4. vanity : 사랑의 기쁨
5. Good even : Good evening
6. ghostly confessor : 고해 신부
7. else : 그렇지 않으면 (or)
8. blazon : 문장을 그리다, 해설하다

9. encounter : 우연히 만나다, 마주치다
10. conceit : understanding
11. brag : 자랑하다, 허풍떨다
12. sum up sum : reckon up the total
13. by your leaves : by your leave 실례지만
14. incorporate : 결합시키다 (unite)

1. **장면 설명** : 사랑에 빠진 로미오와 줄리엣은 일단은 서로 헤어지지만, 로미오는 자신이 줄리엣을 사랑한다는 사실을 로렌스 신부에게 알려 결혼식 주례를 부탁한다. 한편 줄리엣은 유모를 시켜 로미오의 소식을 묻게 하고, 로미오는 유모에게 자신의 계획을 알리고 줄리엣을 로렌스 신부의 암자로 몰래 나오도록 전한다. 두 사람은 로렌스 신부의 암자에서 만나 서로의 사랑을 확인하고 로렌스 신부는 두 사람의 결혼을 허락한다.

2. 로미오와 줄리엣의 빠른 결혼식을 어떻게 생각하는가? 두 사람이 만난 지 하루 만에 결혼을 결정하는 것은 이들이 너무 어리고 순수하다는 것을 알려준다. 만남과 결혼은 어느 정도가 가장 적당하다고 생각하는가?

3. 두 사람의 결혼을 허락하는 로렌스 신부에 대해서 어떻게 생각하는가?

4. 현대 사회에서 원수 관계에 있는 집안이나 공동체의 일원이 서로 사랑하는 경우가 있는가? 예를 들어보시오. 이러한 경우에 다른 사람들은 그들에 대해 어떤 반응을 보이는가?

<3막 2장, 96-126>

Juliet. Shall I speak ill of him that is my husband?
Ah, poor my lord, what tongue shall smooth thy name,
When I, thy three-hours wife, have mangled it?
But wherefore, villain, didst thou kill my cousin?
That villain cousin would have killed my husband.
Back, foolish tears, back to your native spring;
Your tributary drops belong to woe,
Which you, mistaking, offer up to joy.
My husband lives that Tybalt would have slain,
And Tybalt's dead that would have slain my husband.
All this is comfort; wherefore weep I then?
Some word there was, worser than Tybalt's death,
That murdered me; I would forget it fain,
But, O, it presses to my memory
Like damned guilty deeds to sinners' minds:
'Tybalt is dead, and Romeo banished'.
That 'banished', that one word 'banished',
Hath slain ten thousand Tybalts. Tybalt's death
Was woe enough, if it had ended there;
Or if sour woe delights in fellowship
And needly will be ranked with other griefs,
Why followed not, when she said 'Tybalt's dead',
Thy father or thy mother, nay, or both,
Which modern lamentation might have moved?
But, with a rearward following Tybalt's death,
'Romeo is banished'—to speak that word
Is father, mother, Tybalt, Romeo, Juliet,
All slain, all dead. 'Romeo is banished'—
There is no end, no limit, measure, bound,
In that word's death: no words can that woe sound.

1. smooth : 매끄럽게 하다, 반반하게 만들다
2. mingle : 섞다, 혼합하다
3. wherefore : why
4. tributary drops : 공물을 바치는 눈물, 당연히 흘려야 할 눈물
5. woe : 비애, 고통
6. fain : gladly
7. sour woe delights in fellowship : 가혹한 비애는 친구를 기뻐한다
8. with a rearward following : (로미오의 추방을 알리는) 말이 뒤따르니

---

1. **장면 설명** : 로미오는 로렌스 신부의 암자에서 줄리엣과 결혼식을 올리고 난 후 즐거운 마음으로 친구들을 만난다. 한편 줄리엣의 사촌 오빠인 티볼트는 로미오를 미워하여 그에게 싸움을 걸지만, 로미오의 친구 머큐쇼가 그를 상대하다가 죽임을 당하게 된다. 이에 분노한 로미오가 티볼트를 죽이는 사건이 벌어진다. 영주는 로미오를 추방시키는 결정을 내리고, 이 소식을 듣게 된 줄리엣이 혼란에 빠진 장면이다.

2. 결혼한 지 3시간 후에 벌어진 사건임을 고려해 볼 때, 줄리엣의 충격을 이해할 수 있는가? 셰익스피어가 이토록 빠르게 사건을 진전시키는 이유는 무엇이라고 생각하는가?

3. 사랑하는 이성친구와 자신의 가족, 친지 사이에 갈등이 있어 불행한 상황이 발생했다면, 이성친구에 대해 어떻게 생각하겠는가?

4. 현대 사회에서 사랑하는 남녀를 가로막는 가장 큰 장애물은 무엇이라고 생각하는가?

<4막 1장, 67-88>

Friar. L. Hold, daughter; I do spy a kind of hope,
Which craves as desperate an execution
As that is desperate which we would prevent.
If, rather than to marry County Paris,
Thou hast the strength of will to slay thyself,
Then is it likely thou wilt undertake
A thing like death to chide away this shame,
That cop'st with death himself to escape from it;
And, if thou dar'st, I'll give thee remedy.
Juliet. O, bid me leap, rather than marry Paris,
From off the battlements of any tower,
Or walk in thievish ways, or bid me lurk
Where serpents are; chain me with roaring bears,
Or hide me nightly in a charnel house,
O'er-covered quite with dead men's rattling bones,
With reeky shanks and yellow chapless skulls;
Or bid me go into a new-made grave,
And hide me with a dead man in his shroud–
Things that, to hear them told, have made me tremble–
And I will do it without fear or doubt,
To live an unstained wife to my sweet love.

1. crave : 열망하다, 간절히 원하다
2. prevent : 막다, 방해하다
3. chide : 꾸짖다
4. leap : 뛰어넘다
5. battlements : 성을 둘러싼 벽
6. lurk : 숨다, 몰래가다
7. charnel house : 교회의 납골당
8. reeky : reeking, stinking 썩은
9. chapless : 아래턱이 없는

1. **장면 설명**: 로미오가 추방당하고 없는 동안, 줄리엣이 로미오와 몰래 결혼한 사실을 모르는 줄리엣의 아버지 캐퓰릿과 캐퓰릿 부인은 딸을 파리스 백작에게 강제로 결혼시키려 한다. 이를 알게 된 줄리엣이 로렌스 신부에게 찾아가 도움을 구하는 장면이다. 로렌스 신부는 줄리엣의 결심이 정말 강한 것인지 확인하고 신기한 약을 준다. 그 약을 먹으면 일정 기간 마치 죽은 사람처럼 몸의 기능이 모두 마비되었다가 다시 깨어나는 효과를 얻게 된다.

2. 만약 여러분이 줄리엣과 같은 상황에 처한다면 어떻게 하겠는가? 사랑하는 사람이 있는데 집안에서 다른 사람과의 중매결혼을 준비할 때, 대부분의 사람들은 어떻게 대응하는가?

3. 로렌스 신부가 주는 것과 유사한 약의 종류를 들어본 적이 있는가? 만약 이런 약이 당대 존재했다면 어떤 종류의 약이라고 생각하는가?

4. 줄리엣의 대사 내용으로 볼 때, 그녀는 어떤 성격의 소유자로 여겨지는가?

<5막 3장, 88-120>

Romeo. How often when men are at the point of death
Have they been merry! Which their keepers call
A lightning before death. O, how may I
Call this a lightning? O my love! my wife!
Death, that hath sucked the honey of thy breath.
Hath had no power yet upon thy beauty.
Thou art not conquered; beauty's ensign yet
Is crimson in thy lips and in thy cheeks,
And death's pale flag is not advanced there.
Tybalt, liest thou there in thy bloody sheet?
O, what more favour can I do to thee
Than with that hand that cut thy youth in twain
To sunder his that was thine enemy?
Forgive me, cousin. Ah, dear Juliet,
Why art thou yet so fair? Shall I believe
That unsubstantial Death is amorous,
And that the lean abhorred monster keeps
Thee here in dark to be his paramour?
For fear of that I still will stay with thee,
And never from this palace of dim night
Depart again. Here, here will I remain
With worms that are thy chambermaids. O, here
Will I set up my everlasting rest,
And shake the yoke of inauspicious stars
From this world-wearied flesh. Eyes, look your last.
Arms, take your last embrace. And, lips, O you
The doors of breath, seal with a righteous kiss
A dateless bargain to engrossing death!
Come, bitter conduct, come, unsavory guide.
Thou desperate pilot, now at once run on
The dashing rocks thy sea-sick weary bark.
Here's to my love! [Drinks] O true apothecary!
Thy drugs are quick. Thus with a kiss I die.

1. ensign : 깃발 (banner)
2. crimson : 심홍색
3. sunder : 떼다, 가르다 (cut)
4. amorous : 요염한, 호색의
5. the lean abhorred monster : death
6. paramour : 정부, 애인
7. inauspicious stars : 불길한, 불행한 운명 (ill-starred fate)
8. engrossing : 마음을 빼앗는, 몰두시키는
9. conduct : conductor, guide 독약을 가리킨다.
10. unsavory : 씁쓸한
11. pilot : 로미오 자신을 말함
12. sea-sick weary bark : 사나운 바다에 지친 배

1. **장면 설명** : 베로나에서 추방당한 로미오는 하인을 통해 줄리엣이 죽었다는 소식을 듣는다. 한편 줄리엣은 부모가 강제로 파리스 백작과 결혼시키려 하자 로렌스 신부의 도움으로 죽은 듯이 잠드는 약을 먹는다. 딸이 죽은 것으로 판단한 캐퓰릿과 캐퓰릿 부인은 매우 슬퍼하며 딸의 장례를 치르고 시신을 캐퓰릿 가문의 시신들을 보관하는 지하 무덤으로 옮겨놓는다. 로렌스 신부는 편지로 로미오에게 자초지종을 알리려 했지만, 다른 사정으로 인해 편지를 받지 못한 로미오는 줄리엣이 죽은 것으로 잘못 알고 그녀의 무덤에 찾아와 그녀의 시신에 마지막 작별인사를 하고 자살하는 장면이다.

2. 완전히 죽은 것으로 오해할만한 약의 존재에 대해 어떻게 생각하는가? 이러한 비현실적인 요소는 이 극의 어떤 특징을 암시해 주는가?

3. 사랑하는 사람이 죽으면 그를 따라 죽을 수 있는가? 현대에도 이러한 순수한 사랑을 찾아볼 수 있는가?

4. 로미오와 줄리엣의 죽음을 희극적으로 볼 수 있는 근거는 어디에 있는가?

Ⅱ. 셰익스피어 희극 장면들

A Mid-Summer Night's Dream

Oberon, Titania and Puck with Fairies Dancing (1786), William Blake

The Quarrel of Oberon and Titania (1849), Joseph Noel Paton

<1막 1장, 225-241>

Helena. How happy some o'er other some can be!
Through Athens I am thought as fair as she.
But what of that? Demetrius thinks not so;
He will not know what all but he do know.
And as he errs, doting on Hermia's eyes,
So I, admiring of his qualities.
Things base and vile, holding no quantity,
Love can transpose to form and dignity.
Love looks not with the eyes, but with the mind,
And therefore is winged Cupid painted blind.
Nor hath love's mind of any judgement taste;
Wings, and no eyes, figure unheedy haste;
And therefore is love said to be a child
Because in choice he is so oft beguiled.
As waggish boys in game themselves forswear,
So the boy Love is perjured everywhere;

1. holding no quantity : having no value
2. vile : 비열한, 야비한, 무가치한
3. transpose : (위치 따위를) 바꾸어 놓다
.4. figure : suggest,
5. beguiled : tricked (beguile : 속이다)
6. waggish : mischievous 심술궂은, 장난을 좋아하는
7. forswear : 거짓맹세하다 (falsely promise), 거짓말하다
8. perjured : 위증한, 거짓 맹세한

1. **장면 설명** : 『한 여름 밤의 꿈』에 등장하는 네 명의 젊은 연인들 가운데 하나인 헬레나가 자신이 사랑하는 드리트리우스가 허미아만을 좋아하고 자신을 거들떠보지도 않는 것에 대해 한탄하는 내

용이다. 그녀는 이 대사를 통해 사랑이 얼마나 속기 쉬운 것인지 강변하고 있다.

2. 이 대사에서 묘사되고 있는 큐피드의 모습은 어떤 모습인가?

3. 사랑에 대한 헬레나의 견해에 당신은 동의하는가? 만약 동의하거나 동의하지 않는다면 이유를 말해보시오.

4. 그리스 로마 신화에 등장하는 사랑의 신 큐피드에 대해 조사해 보시오. 그의 혈통과 하는 일이 무엇인지, 그리고 그와 관련한 신화에 어떤 것들이 있는지 알아보시오.

<2막 1장, 188-210>

Demetrius. I love thee not, therefore pursue me not.
Where is Lysander, and fair Hermia?
The one I'll slay, the other slayeth me.
Thou told'st me they were stol'n unto this wood,
And here am I, and wood within this wood
Because I cannot meet my Hermia.
Hence, get thee gone, and follow me no more.
Helena. You draw me, you hard-hearted adamant!
But yet you draw not iron, for my heart
Is true as steel. Leave you your power to draw,
And I shall have no power to follow you.
Demetrius. Do I entice you? Do I speak you fair?
Or rather do I not in plainest truth
Tell you I do not, nor I cannot love you?
Helena. And even for that do I love you the more.
I am your spaniel; and, Demetrius,
The more you beat me I will fawn on you.
Use me but as your spaniel: spurn me, strike me,
Neglect me, lose me; only give me leave,
Unworthy as I am, to follow you.
What worser place can I beg in your love
(And yet a place of high respect with me)
Than to be used as you use your dog?

1. slay : 죽이다
2. adamant : 단단한 것, 견고한 것
3. entice : 유혹하다 (allure)
4. spaniel : 사냥개 종류
5. fawn : 아양 떨다
6. spurn : 걷어차다 (kick)
7. lose : 따돌리다

1. **장면 설명**: 라이샌더와 허미아가 숲으로 도망친 사실을 드미트리우스에게 알려준 헬레나는 그들을 뒤쫓는 드미트리우스를 따라다니는데, 드미트리우스는 그녀를 쫓아버리려 한다.

2. 남성이 자신을 싫어하는 것을 알면서도 그를 따라다니는 헬레나에 대해 어떻게 생각하는가? 그리고 그녀를 냉정하게 대하는 드리트리우스에 대해서 어떻게 생각하는가?

3. 상대가 자신을 싫어하면 싫어할수록 더욱 상대가 좋아지는 경험을 해 본 적이 있는가? 그런 심리는 어디에서 유래한다고 생각하는가?

4. 헬레나는 어떤 성격의 소유자라고 생각하는가?

<3막 2장, 43-61>

Demetrius. O, why rebuke you him that loves you so?
Lay breath so bitter on your bitter foe.
Hermia. Now I but chide; but I should use thee worse,
For thou, I fear, hast given me cause to curse.
If thou hast slain Lysander in his sleep,
Being o'er shoes in blood, plunge in the deep,
And kill me too.
The sun was not so true unto the day
As he to me. Would he have stol'n away
From sleeping Hermia? I'll believe as soon
This whole earth may be bored, and that the moon
May through the centre creep, and so displease
Her brother's noontide with th'Antipodes.
It cannot be but thou hast murdered him:
So should a murderer look; so dead, so grim:
Demetrius. So should the murdered look, and so should I,
Pierced through the heart with your stern cruelty;
Yet you, the murderer, look as bright, as clear,
As yonder Venus in her glimmering sphere.

1. rebuke : 꾸짖다 (reproach)
2. plunge : 뛰어들다, 빠지다
3. bored : 구멍이 뚫린
4. noontide : 정오, 절정, 전성기
5. Antipodes : 지구 정반대에 있는 두 지점
6. grim : cruel
7. yonder : 저기에 (over there)
8. sphere: 궤도

1. **장면 설명**: 허미아와 함께 자고 있던 라이샌더는 퍽의 실수로 사랑의 즙을 눈에 바른 채 자다가 마침 그 자리를 지나가던 헬레나를 보고 한 순간에 사랑에 빠져 그녀를 따라가 버린다. 한편 나중에 잠에서 깬 허미아는 라이샌더를 찾아다니지만 찾지 못하고, 드미트리우스를 만나는데, 드미트리우스가 라이샌더를 죽인 것으로 생각한다.

2. 자신이 좋아하는 여성이 사랑하는 자를 죽일 수 있다고 생각하는가? 만약 그렇다면, 그 심리적 이유는 무엇이라고 생각하는가? 그것을 진정한 사랑으로 여길 수 있을까?

3. 드미트리우스가 라이샌더를 죽였다고 생각하는 허미아의 확신은 어디에서 유래하는가?

4. 나에게만 특별한 이상적인 상대가 존재한다고 생각하는가? 그렇다면 많은 사람들이 좋아하는 연예인들의 경우와 같이 객관적인 미의 기준은 무엇인가?

5. Venus가 나타내는 의미에 대해서 자세하게 조사해 보시오.

<4막 1장, 197-210>

Bottom. When my cue comes, call me, and I will answer. My next is 'Most fair Pyramus'. Heigh ho! Peter Quince? Flute the bellowsmender? Snout the tinker? Starveling? God's my life! Stolen hence and left me asleep! I have had a most rare vision. I have had a dream, past the wit of man to say what dream it was. Man is but an ass if he go about to expound this dream. Methought I was – there is no man can tell what. Methought I was – and methought I had – but man is but a patched fool if he will offer to say what methought I had. The eye of man hath not heard, the ear of man hath not seen, man's hand is not able to taste, his tongue to conceive, nor his heart to report what my dream was! I will get Peter Quince to write a ballad of this dream; it shall be called 'Bottom's Dream', because it hath no bottom; and I will sing it in the latter end of a play, before the Duke. Peradventure, to make it the more gracious, I shall sing it at her death.

1. expound : 설명하다 (explain)
2. Methought : I thought
3. patched fool : 얼룩덜룩한 옷을 입은 광대 (a Fool)
4. peradventure: 아마도 (perhaps)

1. **장면 설명** : 직조공인 바틈은 숲에서 다른 동료들과 함께 연극연습을 하다가 퍽의 마법에 걸려 당나귀 머리를 갖게 되고, 사랑의 즙을 눈에 바른 요정의 여왕 티타니아는 그를 보고 사랑에 빠져 그와 은밀한 사랑을 속삭이게 된다. 하지만 이를 조종한 요정의 왕 오베론은 자신의 목적을 달성하게 되자 여왕의 마법을 풀어주고, 바틈 역시 마법에서 풀려 자신이 꿈을 꾼 것으로 생각한다.

2. bottom이라는 단어의 뜻을 조사해 보고, 이것이 이 극에서 상징하는 바가 무엇인지 생각해 보시오.

3. 이 극에는 많은 등장인물들이 무대 위에서 잠을 자고 깨어나는데, 이들은 자신들이 겪은 일들이 꿈이라고 생각한다. 현실과 꿈의 경계는 무엇이라고 생각하는가?

4. 관객 입장에서는 무대 위에서 펼쳐지는 연극과 현실의 차이를 어떻게 이해할 수 있을 것인가? 셰익스피어는 인생은 무대이고 모든 인간은 배우라고 말했다. 이는 어떤 의미를 갖는다고 볼 수 있을까?

5. 바틈은 요정의 여왕과 사랑을 나누는 꿈을 통해서 무엇을 배웠을 것이라고 생각하는가?

<5막 1장, 1-17>

Hippolyta. 'Tis strange, my Theseus, that these lovers speak of.
Theseus. More strange than true. I never may believe
These antique fables, nor these fairy toys.
Lovers and madmen have such seething brains,
Such shaping fantasies, that apprehend
More than cool reason ever comprehends.
The lunatic, the lover, and the poet
Are of imagination all compact:
One sees more devils than vast hell can hold;
That is the madmen. The lover, all as frantic,
Sees Helen's beauty in a brow of Egypt.
The poet's eye, in a fine frenzy rolling,
Doth glance from heaven to earth, from earth to
heaven;
And as imagination bodies forth
The forms of things unknown, the poet's pen
Turns them to shapes, and gives to airy nothing
A local habitation and a name.

1. toys : tales
2. seething : 펄펄 끓어오르는, 들끓는 (agitated)
3. apprehend : conceive
4. comprehend : understand
5. Helen : 트로이 전쟁을 일으킨 원인이 된 여인
6. frenzy : 격앙, 열광
7. bodies forth : creates

1. **장면 설명** : 연인들이 숲에서 겪은 이상한 이야기를 듣고 히폴리타와 테세우스가 서로 대화를 나누는 장면이다. 테세우스는 사랑에

빠진 자들은 미치광이들처럼 보이지 않는 것들을 볼 수 있는 자들이라고 설명하고 있다.

2. 연인과 미치광이, 그리고 시인의 공통점과 차이점을 설명해 보시오.

3. 이 장면에서 왜 시인이 언급이 되고 있는지 생각해 보시오.

4. 우리의 삶에서 상상력은 어떤 경우에 발휘되는가? 상상력이 있는 사람과 없는 사람은 어떻게 다른가?

5. 우리 사회에서 미친 사람과 미치지 않은 사람을 구분하는 기준은 무엇인가?

Twelfth Night

Malvolio and the Countess (1859), Maniel Maclise/ engraved by R. Stainers

Orsino and Viola,
Frederick Richard Pickersgill

Olivia (1888), Francis William Topham

<1막 1장, 1-15>

Duke. If music be the food of love, play on,
Give me excess of it, that, surfeiting,
The appetite may sicken and so die.
That strain again! It had a dying fall;
O, it came o'er my ear like the sweet sound
That breathes upon a bank of violets,
Stealing and giving odour! Enough, no more;
'Tis not so sweet now as it was before.
O spirit of love, how quick and fresh art thou!
That, notwithstanding thy capacity
Receiveth as the sea. Nought enters there,
Of what validity and pitch soe'er,
But falls into abatement and low price
Even in a minute. So full of shapes is fancy,
That it alone is high fantastical.

---

1. surfeit : 과식하다
2. that : so that
3. appetite : appetite of love
4. strain : 가락, 선율, 노래
5. dying fall : (소리가) 점점 작아지면서 사라지다
6. odour = odor : 냄새
7. notwithstanding : although
8. thy capacity Receiveth as the sea : thy capacity of receiving is as vast as that of the sea
9. pitch : height 매 사냥에서 매가 가장 높이 뜬 높이를 가리키는 말
10. falls into abatement : loses its value
11. price: esteem

1. **장면 설명** : 『12야』의 첫 장면으로 일리리어의 공작 올시노가 상사병에 빠져있는 모습을 보여준다. 그가 사랑하는 사람은 부유한 백작의 딸 올리비아인데, 그는 그녀의 마음을 얻으려고 노력하고 있지만 아직 얻지 못하고 있다. 그래서 자신의 피할 수 없는 사랑의 감정을 표현하고 있다.

2. 올시노 공작의 역할을 연기한다면 어떤 어조와 제스처를 사용하는 것이 좋다고 여겨지는가? 위 대사를 통해서 공작은 어떤 성격의 소유자인지 파악할 수 있겠는가?

3. 상사병에 빠진 사람을 본 적이 있는가? 상사병은 어떤 상태를 말하며 이는 자기애(self-love)와 다르다고 할 수 있을까?

4. 공작과 백작, 남작, 후작 등 유럽의 귀족 계급 질서를 조사해 보시오. 어떤 사람들이 공작과 백작이 될 수 있는지 확인해 보시오.

<1막 5장, 50-66>

Clown. Misprision in the highest degree! Lady, 'cucullus non facit monachum'; that's as much to say as I wear not motley in my brain. Good madonna, give me leave to prove you a fool.
Olivia. Can you do it?
Clown. Dexterously, good madonna.
Olivia. Make your proof.
Clown. I must catechize you for it, madonna. Good my mouse of virtue, answer me.
Olivia. Well, sir, for want of other idleness, I'll bide your proof.
Clown. Good madonna, why mourn'st thou?
Olivia. Good fool, for my brother's death.
Clown. I think his soul is in hell, madonna.
Olivia. I know his soul is in heaven, fool.
Clown. The more fool, madonna, to mourn for your brother's soul being in heaven. Take away the fool, gentlemen.

1. misprision : 오해, 비행 (misunderstanding, misdemeanor)
2. Cucullus non facit monachum : The hood makes not the monk. 후드를 썼다고 수도사가 되는 것은 아니라는 속담.
3. motley : 얼룩덜룩한 광대 옷,
4. leave : permission 허가
5. make your proof : prove it.
6. Good my mouse of virtue : 여자에 대한 애칭

1. **장면 설명** : 올리비아는 사랑하는 오빠가 갑자기 사망한 것을 애도한다는 이유로 7년 동안 얼굴에 베일을 쓰고 세상에 얼굴을 내놓

지 않겠다고 맹세하였다. 그리고 그 이유 때문에 공작의 구애도 받지 않는 것이었다. 그렇지만 올리비아 집에 있는 광대는 슬픔에 빠져 있는 올리비아의 마음을 바꾸려 노력하는데, 위 장면에서 광대는 올리비아의 어리석게 긴 애도를 재치 있게 조롱하고 있다.

2. 셰익스피어 당대에 광대의 존재에 대해 조사해 보시오. 광대가 하는 역할은 무엇이었으며, 셰익스피어 극중에서 광대는 주로 어떤 존재로 묘사되며, 그의 극중 역할은 주로 어떻게 나타나는지 확인해 보시오.

3. 위 장면을 통해서 올리비아의 성격이나 성품에 대해 발견할 수 있는 바는 어떤 것들인가? 그 근거는 어디에 있는가?

4. 우리 주변에서 광대의 역할에 잘 어울리는 인물은 누구라고 생각하는가? 이유는 무엇인가?

<1막 5장, 253-262>

Viola. Make me a willow cabin at your gate,
And call upon my soul within the house:
Write loyal cantons of contemned love
And sing them loud even in the dead of night;
Halloo your name to the reverberate hills,
And make the babbling gossip of the air
Cry out 'Olivia!' O, you should not rest
Between the elements of air and earth
But you should pity me!
Olivia. You might do much.
What is your parentage?
Viola. Above my fortunes, yet my state is well:
I am a gentleman.

1. a willow cabin : 버드나무는 실연의 상징으로 생각되었다.
2. cantons : songs
3. contemned love : despised but faithful love
4. Halloo : shout 축복한다는 뜻도 있다.
5. reverberate : 반향하다, 울려퍼지다 (echo)
6. the babbling gossip : 요정이나 님프를 가리킨다.
7. But : unless

1. **장면 설명** : 바이올라는 오빠와 함께 배를 타고 가다 풍랑을 만나 난파당하여 오빠를 잃고 일리리어 섬에 도착한 여성이다. 그녀는 살아갈 길이 막막하여 선장의 도움으로 남장을 하고 세자리오라는 가명을 사용하여 올시노 공작의 시종으로 일하게 되는데, 마침 여성처럼 곱상한 바이올라의 외모를 마음에 들어 한 공작은 자신의 사랑을 전달하는 전령 역할을 시킨다. 바이올라는 공작의 사신

으로 올리비아를 찾아가 그녀를 만나고 공작의 마음을 전하지만 올리비아는 바이올라에게 묘한 매력을 느끼고 사랑하는 사람에게 어떻게 구애할 것인지 말해보라고 한다.

2. 바이올라가 말하는 구애 방식은 올시노의 구애방식과는 다른데, 바이올라는 어떤 성격의 소유자라고 여겨지는가?

3. 남성이 여성에게 구애하는 방식과 여성이 남성에게 구애하는 방식은 서로 다르다고 생각하는가? 어떤 차이점이 있다고 생각하는가?

4. 바이올라의 역을 맡은 연기자는 이 대사를 어떻게 연기해야 한다고 생각하는가?

5. 현대인에게도 바이올라의 구애 방식은 유효하다고 생각하는가?

<2막 3장, 83-96>

Malvolio. My masters, are you mad? Or what are you? Have you no wit, manners, nor honesty, but to gabble like tinkers at this time of night? Do ye make an ale-house of my lady's house, that ye squeak out your coziers' catches without any mitigation or remorse of voice? Is there no respect of place, persons, nor time, in you?

Sir Toby. We did keep time, sir, in our catches. Sneck up!

Malvolio. Sir. Toby. I must be round with you. My lady bade me tell you that, though she harbours you as her kinsman, she's nothing allied to your disorders. If you can separate yourself and your misdemeanours, you are welcome to the house; if not, and it would please you to take leave of her, she is very willing to bid you farewell.

1. gabble : 빨리 지껄이다, 재잘거리다
2. ale-house : 선술집, 맥주집
3. coziers : cobbler 구두장이
4. catches : 돌림노래
5. mitigation : 완화, 경감
6. sneck up : be hanged
7. round: plain-spoken

1. **장면 설명** : 올리비아의 집에는 삼촌인 토비 경이 함께 지내고 있는데, 그는 술을 좋아하는 술꾼이고 유쾌한 인물이다. 토비 경과 올리비아를 사모하는 앤드류 에이규치크, 그리고 광대는 함께 술 마시고 떠들며 즐거운 시간을 보낸다. 한편 올리비아의 집사인 말볼리오는 청교도를 자처하는 인물로 술 마시고 떠드는 것을 싫어

하고 다른 사람들에게 거만한 태도를 보여 미움을 사는데, 유쾌하게 즐기는 세 사람을 꾸짖으며 토비 경에게 경고하는 장면이다.

2. 셰익스피어 당대 청교도들은 어떤 태도를 지닌 사람들이었으며, 이들에 대한 당대 영국인들의 시각은 어떠했는지 조사해 보시오.

3. 셰익스피어의 희극을 축제희극이라고도 부르는데, 낭만희극과 축제희극의 연관성을 조사해 보시오.

4. 말볼리오의 어투와 의상은 어떻게 설정하면 좋을 것이라고 생각하는가?

<2막 4장, 92-108>

Duke. There is no woman's sides
Can bide the beating of so strong a passion
As love doth give my heart; no woman's heart
So big, to hold so much; they lack retention.
Alas, their love may be call'd appetite,
No motion of the liver, but the palate,
That suffer surfeit, cloyment, and revolt;
But mine is all as hungry as the sea,
And can digest as much. Make no compare
Between that love a woman can bear me
And that I owe Olivia.
Viola. Ay, but I know—
Duke. What dost thou know?
Viola. Too well what love women to men may owe.
In faith, they are as true of heart as we.
My father had a daughter lov'd a man,
As it might be perhaps, were I a woman,
I should your lordship.

1. Can bide : that can bide
2. bide : endure
3. retention: 보유, 보존(력) (capacity for holding)
4. no motion of the liver : not a genuine passion. "liver"는 사랑의 근원이라 여겨졌다.
5. palate : 미각, 기호
6. surfeit : 과식
7. cloyment : 진절머리
8. revolt : 혐오감, 불쾌감
9. As it might be . . . your lordship : as, if I were a woman, I should perhaps (love) your lordship.

1. **장면 설명** : 올리비아가 자신의 사랑을 계속 거절한다는 전갈을 받지만, 올시노 공작은 사랑을 포기하지 못하고 또 다시 바이올라를 올리비아에게 보내려 한다. 이에 자신도 모르게 공작을 사랑하게 된 바이올라는 입장을 바꿔서 생각해보라고 말한다. 즉, 어떤 여성이 공작을 사랑하고 공작은 그녀를 사랑할 수 없다면 그녀 역시 공작의 응답을 받을 수 없는 것 아니냐는 것이다. 하지만 공작은 자신의 사랑은 여성의 사랑과는 비교할 수 없는 깊고 진실한 것임을 남장한 바이올라에게 항변하고 있다.

2. 공작의 시각에 동의하는가? 바이올라의 주장에 동의하는가? 남녀의 사랑에는 어떤 차이가 있는가?

3. 변장(disguise)을 시도해 본 적이 있는가? 셰익스피어 연극에서 변장은 매우 중요한 극적 요소로 등장한다. 특히 여성이 남장하는 경우가 많이 등장하는데, 이는 매우 독특한 극적 효과를 불러일으킨다. 예상 가능한 극적 효과를 생각해 보시오.

4. 셰익스피어 당대 극장에서는 여성이 배우가 될 수 없었다. 따라서 어린 남성이 여성 역을 담당했는데, 여성을 무대 위에 서지 못하도록 한 이유는 무엇이라고 생각하는가?

5. 여성이 남장을 할 때 가장 신경 써야 하는 부분은 어디라고 생각하는가?

<2막 5장, 128-140>

Malvolio. If this fall into thy hand, revolve. In my stars I am above thee: but be not afraid of greatness. Some are born great, some achieve greatness, and some have greatness thrust upon 'em. Thy Fates open their hands; let thy blood and spirit embrace them; and, to inure thyself to what thou art like to be, cast thy humble slough and appear fresh. Be opposite with a kinsman, surly with servants; let thy tongue tang arguments of state; put thyself into the trick of singularity. She thus advises thee that sighs for thee. Remember who commended thy yellow stockings, and wish'd to see thee ever cross-garter'd. I say, remember. Go to, thou art made, if thou desir'st to be so; if not, let me see thee a steward still, the fellow of servants, and not worthy to touch Fortune's fingers. Farewell. She that would alter services with thee.

1. my stars : 나의 운명을 좌우하는 별, 즉 나의 신분
2. open their hands : be generous to you
3. inure : 익숙케 하다, 단련하다 (accustom, get used to)
4. slough : 진창길, 늪지대, 절망
5. tang : 당당히 주장하다 (sound forth)
6. singularity : 기이함 (peculiarity, eccentricity)
7. cross-gartered : 양말대님을 십자형으로 무릎 위와 아래를 매는 것.
8. Go to : 자 (항의, 의심, 재촉) 따위를 나타내는 고어 표현
9. thou art made : thou hast thy fortune made 당신은 행운을 얻었어요.

1. **장면 설명** : 올리비아의 집사 말볼리오는 겉으로는 청교도처럼 엄격하고 근엄한 태도를 보이지만, 속으로는 위선적인 인물로 주인 아가씨인 올리비아와 결혼하여 백작이 되고 싶어 하는 욕망을 지니고 있다. 이를 알아채고 있는 올리비아의 하녀 마리아는 토비 경과 광대 등과 함께 말볼리오를 놀려줄 생각으로 올리비아의 필체를 흉내 낸 가짜 편지를 떨어뜨려 말볼리오가 줍게 한다. 이를 모르는 말볼리오가 주운 편지의 내용을 읽는 장면이다.

2. 편지 내용에는 말볼리오의 숨겨진 욕망을 겉으로 드러나게 하려는 의도가 담겨져 있다. 이 극에서 말볼리오의 극적 역할은 무엇이라고 생각하는가?

3. 말볼리오는 이 편지를 읽을 때 어떤 어조로 읽어야 할 것인가? 때때로 읽는 것을 잠시 쉰다면 어떤 제스처를 보여주는 것이 흥미를 유발할 수 있다고 생각하는가?

4. 주변에서 말볼리오와 같은 위선적인 사람을 경험해 본 적이 있는가?

5. 셰익스피어 당대 청교도에 대한 시각이 어떠했는지 조사해 보시오. 또한 청교도주의는 어떤 사상인지 조사해 보시오.

<3막 1장, 142-159>

Olivia. O, what a deal of scorn looks beautiful
In the contempt and anger of his lip!
A murd'rous guilt shows not itself more soon
Than love that would seem hid. Love's night is noon.
Cesario, by the roses of the spring,
By maidhood, honour, truth, and every thing,
I love thee so that, maugre all thy pride,
Nor wit nor reason can my passion hide.
Do not extort thy reasons from this clause.
For that I woo, thou therefore hast no cause;
But rather reason thus with reason fetter:
Love sought is good, but given unsought is better.
Viola. By innocence I swear, and by my youth,
I have one heart, one bosom, and one truth,
And that no woman has; nor never none
Shall mistress be of it, save I alone.
And so adieu, good madam; never more
Will I my master's tears to you deplore.

1. a deal of : a great deal of 많은
2. murd'rous guilt : guilt of murder
3. more soon : sooner, more quickly
4. love's night is noon : 사랑은 감추려 해도 드러난다.
5. maidhood : 처녀성, 순결 (maidenhood)
6. maugre : (고어) ~에도 불구하고 (in spite of)
7. extort : 억지로 빼앗다, 강탈하다
8. reason thus with reason fetter: overcome that argument by this argument

1. **장면 설명** : 올시노 공작의 사랑을 전하러온 바이올라에게 마음을 빼앗긴 올리비아가 여성으로서의 체면이나 부끄러움도 잊고 바이

올라에게 사랑을 고백하는 장면이다. 바이올라는 자신은 다른 사람에게 이미 마음을 주었기 때문에 올리비아의 마음을 받아줄 수 없다고 냉정하게 거절하지만, 올리비아는 자신을 거절하는 바이올라에게 더욱 매달리는 모습을 보여준다.

2. 이 장면은 여성이 여성에게 구애하는 매우 우스꽝스런 상황을 연출하고 있으나, 당대 연극 전통에서 남성이 여성 역을 했다는 사실을 상기해 본다면 더욱 기묘한 상황이 될 수 있음을 기억해야 한다.

3. 올리비아가 바이올라에게 구애하는 장면은 두 가지 측면에서 당대의 기존 질서를 뒤집는 것인데, 첫째는 여성이 남성에게 적극적으로 사랑을 표현한다는 점에서 성 질서를 전복시키는 것이고 둘째는 백작의 영애가 공작의 하인을 사랑한다는 점에서도 계급질서를 전복시키는 것이다.

4. 이성이 아닌 동성에게 사랑의 감정을 느껴본 적이 있는가? 만약 있다면, 어떤 점에서 매력을 느꼈는가?

5. 상대방을 사랑할 수 없는 상황에서 상대가 나에게 매달린다면, 자신과 상대에게 어떤 느낌을 가질 것인가?

<5막 1장, 218-233>

Sebastian. Do I stand there? I never had a brother;
Nor can there be that deity in my nature
Of here and everywhere. I had a sister
Whom the blind waves and surges have devour'd.
Of charity, what kin are you to me?
What countryman, what name, what parentage?
Viola. Of Messaline; Sebastian was my father.
Such a Sebastian was my brother too;
So went he suited to his watery tomb;
If spirits can assume both form and suit,
You come to fright us.
Sebastian. A spirit I am indeed,
But am in that dimension grossly clad
Which from the womb I did participate.
Were you a woman, as the rest goes even,
I should my tears let fall upon your cheek,
And say 'Thrice welcome, drowned Viola!'

1. suited : dressed
2. You come to fright us : you are a spirit who has come to frighten us.
3. dimension : 크기, 부피
4. clad : clothe의 과거분사 (고어표현)
5. participate : derive
6. as the rest goes even : 모든 다른 점이 맞아떨어지듯이

1. **장면 설명** : 서로 죽은 줄 알았던 남매 바이올라와 세바스찬이 극의 결말에서 서로 만나는 장면이다. 세바스찬은 안토니오의 도움으로 목숨을 건져 일리리어에 당도하게 되었는데, 바이올라와 똑같이 생긴 외모 때문에 올리비아에게 세자리오로 오인받아 결혼 서약을 하게 된 상태이다. 그리고 마침내 올리비아의 마음을 얻고자 직접 올리비아를 만나러 온 올시노 공작 앞에서 올리비아는 자신이 이미 신부님 앞에서 세자리오와 결혼한 사이임을 밝히고, 세바스찬이 살아있음을 알지 못하고 있는 바이올라는 눈앞에 나타난 오빠의 모습에 감격과 놀라움을 감추지 못하고 있다.

2. 남매 쌍둥이의 경우 서로 외모가 똑같은 것이 의학적으로 가능한가? 만약 가능하지 않다면, 이러한 허구적 요소를 도입한 셰익스피어의 의도는 무엇이라고 생각하는가?

3. 이 극의 희극적 효과를 생각해 볼 때, 쌍둥이 남매의 재회가 갖는 의미는 무엇이라고 생각하는가?

4. 공연에서 쌍둥이 남매를 표현하려면 어떻게 해야 할 것인가? 배우 중에 쌍둥이가 없는 상황에서 어떤 아이디어가 필요할까?

<5막 마지막 노래>

Clown. When that I was and a little tiny boy,
  With hey, ho, the wind and the rain.
A foolish thing was but a toy.
  For the rain it raineth every day.

But when I came to man's estate,
  With hey, ho, the wind and the rain,
'Gainst knaves and thieves men shut their gate,
  For the rain it raineth every day.

But when I came, alas! to wive,
  With hey, ho, the wind and the rain,
By swaggering could I never thrive,
  For the rain it raineth every day.

But when I came unto my beds,
  With hey, ho, the wind and the rain,
With toss-pots still had drunken heads,
  For the rain it raineth every day.

A great while ago the world begun,
  With hey, ho, the wind and the rain,
But that's all one, our play is done,
  And we'll strive to please you every day.

1. knaves : 악당들, 무뢰한들
2. wive : 아내를 얻다, 장가들다(고어 표현)
3. swagger : 뽐내며 걷다, 으스대다
4. when I came unto my beds : 술 취해 잠자리에 들었을 때, 혹은 삶을 마감하는 임종의 순간에

5. still : always
6. toss-pots : revellers 술 마시고 떠드는 자들

---

1. **장면 설명**: 극이 모두 끝나고 다른 배우들이 모두 퇴장한 후, 광대 혼자 남아 마지막 에필로그를 하는 장면이다.

2. 광대의 에필로그가 의미하는 바는 무엇이라고 생각하는가?

The Merchant of Venice

Portia (1888), Henry Woods

Shylock after the trial (1873-76), Sir John Gilbert

<1막 1장, 122-145>

Bassanio. 'Tis not unknown to you Antonio
How much I have disabled mine estate,
By something showing a more swelling port
Than my faint means would grant continuance:
Nor do I now make moan to be abridg'd
From such a noble rate, but my chief care
Is to come fairly off from the great debts
Wherein my time (something too prodigal)
Hath left me gag'd: to you Antonio
I owe the most in money and in love,
And from your love I have a warranty
To unburthen all my plots and purposes
How to get clear of all the debts I owe.

Antonio. I pray you good Bassanio let me know it,
And if it stand as you yourself still do,
Within the eye of honour, be assur'd
My purse, my person, my extremest means
Lie all unlock'd to your occasions.

Bassanio. In my school-days, when I had lost one shaft,
I shot his fellow of the self-same flight
The self-same way, with more advised watch
To find the other forth, and by adventuring both,
I oft found both: I urge this childhood proof
Because what follows is pure innocence.

---

1. disable : 쓸모없게 만들다 (damage)
2. estate : 재산 property
3. swelling port : 지나친 태도(extravagant style of living)
4. abridge : 단축하다, 줄이다
5. make one's moan : 불평하다, 신음하다

6. wherein : in which
7. gag : 재갈을 물리다, 입을 다물게 하다 gaged = bound
8. warranty : 확실한 계획, 보증, 근거
9. unburthen : unburden: 무거운 짐을 덜다
10. shaft : arrow

---

1. **장면 설명** : 베니스의 상인 안토니오의 절친한 친구 바싸니오는 방탕한 생활로 재산을 모두 날리고, 친구 안토니오에게 많은 빚을 진 상태이다. 그런데 그는 빚을 갚기 위해 한 가지 계획을 가지고 있는데, 이것을 안토니오에게 밝히는 장면이다.

2. 기독교에서 말하는 사랑과 자비는 바싸니오와 같은 친구에 대해 어떻게 평가할 것인지 조사해 보시오.

3. 여러분의 주변에는 바싸니오나 혹은 안토니오와 같은 친구가 있는가? 만약 있다면 이들에 대해 어떤 생각을 갖고 있는가?

4. 진정한 우정은 어떤 것이라고 생각하는가? 친구가 어려움에 처해 있다면 자신의 모든 것을 희생해서라도 도와주는 것이 진정한 우

정인가? 아니면 친구가 독립적으로 살아갈 수 있도록 거절하는 것이 진정한 우정인가?

5. 바싸니오의 계획은 어떤 것인가?

<1막 3장, 101-124>

Shylock. Signior Antonio, many a time and oft
In the Rialto you have rated me
About my moneys and my usances:
Still have I borne it with a patient shrug,
(For suff'rance is the badge of all our tribe)
You call me misbeliever, cut-throat dog,
And spet upon my Jewish gaberdine,
And all for use of that which is mine own.
Well then, it now appears you need my help:
Go to then, you come to me, and you say,
"Shylock, we would have moneys," you say so:
You that did void your rheum upon my beard,
And foot me as you spurn a stranger cur
Over your threshold, moneys is your suit.
What should I say to you? Should I not say
"Hath a dog money? is it possible
A cur can lend three thousand ducats?" or
Shall I bend low, and in a bondman's key
With bated breath, and whisp'ring humbleness
Say this:
"Fair sir, you spet on me on Wednesday last,
You spurn'd me such a day, another time
You call'd me dog: and for these courtesies
I'll lend you thus much money"?

1. rate : 꾸짖다 (reprove, reproach), 욕하다
2. usance : 이자, 이익
3. shrug : 어깨를 으쓱하기
4. sufferance : endurance
5. gaberdine : 헐렁한 상의 loose upper garment

6. cut-throat : 살인적인
7. void : 방출하다, 배설하다
8. rheum : 가래침
9. threshold : 문지방, 문간
10. bondmen : 노예
11. bate : 누그러뜨리다, 누르다, 참다

1. **장면 설명** : 바싸니오는 안토니오에게 벨몬트에 있는 포샤에게 청혼을 하러 가는 비용을 빌리려 하지만, 안토니오의 모든 재산은 상선에 실려 모두 바다에 나가 있다. 하지만 안토니오는 바싸니오가 자신의 이름과 재산을 담보로 돈을 빌리는 것을 허락한다. 바싸니오는 고리대금업자인 유대인 샤일록에게 돈을 빌리려 하고, 안토니오도 그 자리에 참석하게 된다. 돈을 빌리러 온 안토니오에게 샤일록이 그동안 자신이 안토니오에게 당해온 것들을 성토하는 장면이다.

2. 셰익스피어 당대뿐만 아니라 유럽에서 유대인에 대한 평가는 어떠했는지 조사해 보시오. 그리고 그 이유는 무엇이었는지 조사해 보시오. 만약 여러분이 샤일록이라면 이런 경우에 어떤 반응을 보일 것이라고 생각하는가?

3. 바싸니오를 대하는 안토니오의 태도와 샤일록을 대하는 안토니오의 태도를 고려해 볼 때, 안토니오는 어떤 성격의 소유자라고 생각하

는가? 안토이오가 샤일록을 비인간적으로 대하는 이유는 무엇인가?

4. 현대 사회에도 샤일록과 같이 비난의 대상이 되는 사람이나 집단이 있는가? 종교적인 문제나 인종적인 문제를 떠나 이러한 비슷한 상황을 경험한 적이 있다면?

5. 셰익스피어는 샤일록을 옹호하는 것인가, 아니면 안토니오를 옹호하는 것인가? 샤일록과 안토니오가 대변하는 이데올로기는 어떤 것들인가?

<2막 7장, 5-9>

Gold casket: "Who chooses me shall gain what many men desire."
Silver casket: "Who chooses me shall get as much as he deserves."
Lead casket: "Who chooses me must give and hazard all he hath."

<2막 7장, 65-73>(In the gold casket)

All that glisters is not gold,
Often have you heard that told,–
Many a man his life hath sold
But my outside to behold,–
Gilded tombs do worms infold:
Had you been as wise as bold,
Young in limbs, in judgment old,
Your answer had not been inscroll'd,–
Fare you well, your suit is cold.

<2막 9장, 63-72>(In the silver casket)

The fire seven times tried this:
Seven times tried that judgement is,
That did never choose amiss.
Some there be that shadows kiss,
Such have but a shadow's bliss:
There be fools alive (Iwis)
Silver'd o'er, and so was this.
Take what wife you will to bed,
I will ever be your head:
So be gone, you are sped.

---

1. glister : glitter 반짝이다
2. infold : 우글거리다
3. inscroll : 새기다
4. tried : 정제시키다
5. amis : 부적당하게, 어울리지 않게
6. Iwis : certainly
7. silver'd o'er: silver-haired, appearing wise
8. sped : 성공했다 (well-satisfied)

---

1. **장면 설명** : 벨몬트의 포샤에게는 아버지가 남긴 유언이 있다. 즉, 포샤에게 구혼하는 남성들은 모두 금, 은, 납으로 만들어진 세 개의 상자 가운데 하나를 선택해야 하는데, 그 상자 속에서 포샤의 초상화가 나오는 상자를 선택한 남성이 포샤의 남편이 되어야 한다는 것이다. 모로코 왕, 아라곤의 영주, 그리고 바싸니오가 각각 금, 은, 납 상자를 선택한다.

2. 아버지의 유언대로 남편을 받아들이는 포샤의 상황에 대해 어떻게 생각하는가?

3. 각 상자에 쓰인 글귀를 읽어보고 여러분이라면 어떤 상자를 선택할 것인가? 각 상자에 쓰인 글귀가 의미하는 바는 무엇이라고 생각하는가?

4. 황금과 은은 이 극에서 무엇을 비유적으로 나타내는가?

<3막 1장, 46-65>

Portia. Tarry a little, there is something else,—
This bond expressly are "a pound of flesh":
Take then thy bond, take thou thy pound of flesh,
But in the cutting it, if thou dost shed
One drop of Christian blood, thy lands and goods
Are (by the laws of Venice) confiscate
Unto the state of Venice.
Gratiano. O upright judge!—
Mark Jew,—O learned judge!
Shylock. Is that the law?
Portia. Thyself shalt see the act:
For as thou urgest justice, be assur'd
Thou shalt have justice more than thou desir'st.
Gratiano. O learned judge!—mark Jew, a learned judge.
Shylock. I take this offer then,—pay the bond thrice
And let the Christian go.
Bassanio. Here is the money.
Portia. Soft!
The Jew shall have all justice,—soft no haste!
He shall have nothing but the penalty.

1. tarry : 기다리다 (wait)
2. jot : 조금, 약간
3. confiscate : 몰수하다, 압류하다
4. upright : 곧은, 정직한
5. act : 법령, 조례

1. **장면 설명** : 바다로 나간 배들이 모두 난파당하여 샤일록의 돈을 갚지 못하게 된 안토니오는 계약서의 내용대로 살 한 파운드를 떼어주어야 할 상황에 처하게 되었다. 샤일록은 안토니오에 대한 원한 때문에 바싸니오가 포샤의 도움으로 원금의 3배를 갚겠다고 하지만 이를 거절한다. 한편 사촌인 판사의 도움으로 판사로 변장한 포샤는 계약서에 쓰여진 문자 그대로의 내용을 문제 삼아 샤일록을 곤경에 빠트린다.

2. 포샤의 재판에 대해 어떻게 생각하는가?

3. 평소에 법률이 정의를 실현한다고 생각해 왔는가? 만약 그렇지 않다면 그 이유는 무엇인가?

4. 인종 편견이나 성 편견에 대해 어떤 생각을 지니고 있는가? 혹시 자신이 편견을 가지고 있는 어떤 대상은 없는지 생각해 보시오.

<4막 1장, 301-318>

Salerio. Why I am sure if he forfeit, thou wilt not take his flesh,—what's that good for?

Shylock. To bait fish withal,—if it will feed nothing else, it will feed my revenge; he hath disgrac'd me, and hind'red me half a million, laugh'd at my losses, mock'd at my gains, scorned my nation, thwarted my bargains, cooled my friends, heated mine enemies,—and what's his reason? I am a Jew. Hath not a Jew eyes? hath not a Jew hands, organs, dimensions, senses, affections, passions? fed with the same food, hurt with the same weapons, subject to the same diseases, healed by the same means, warmed and cooled by the same winter and summer as a Christian is? – if you prick us do we not bleed? if you tickle us do we not laugh? if you poison us do we not die? and if you wrong us shall we not revenge?—if we like you in the rest, we will resemble you in that. If a Christian wrong a Jew, what should his sufferance be by Christian example? – why revenge! The villainy you teach me I will execute, and it shall go hard but I will better the instruction.

1. forfeit : 재산 따위를 상실하다, 몰수되다
2. thwart : 훼방하다, 방해하다
3. dimensions : 크기, 용적, 팔다리
4. resemble : 닮다
5. humility : 겸손, 겸양 (kindness)
6. better : 개선하다, 향상시키다

1. **장면 설명** : 안토니오의 친구인 살레리오는 안토니오의 배들이 좁은 해협에서 난파하여 안토니오가 파산한 사실을 소문으로 듣고,

그가 맺은 샤일록과의 계약서가 걱정되어 슬며시 샤일록에게 물어보는 장면이다. 즉, 안토니오가 파산하여 빚을 갚을 수 없게 되어도 샤일록이 계약서대로 안토니오의 살을 베지는 않을 것을 기대하는 것이다. 하지만 샤일록은 그동안 자신이 유대인이라는 사실 때문에 받은 학대와 차별을 말하며 복수할 생각임을 분명하게 밝히고 있다.

2. 빚을 갚지 않을 경우 상대의 살을 베어낸다는 내용의 계약서를 작성하는 것을 어떻게 생각하는가? 현대에도 이러한 내용의 계약이 이루어지는 경우가 있는가?

3. 샤일록의 항변은 설득력이 있는가? 만약 있다면 어떤 측면에서 그러한가?

4. 복수에 대해서 어떻게 생각하는가? 기독교에서는 복수를 어떻게 받아들이고 있는가?

5. 샤일록의 역할을 연기하는 배우는 어떤 어조로 말해야 한다고 생각하는가? 샤일록의 분장은 어떻게 해야 할 것인가?

Measure for Measure

Claudio and Isabella (1850)
William Holman Hunt

Isabella (1888),
Francis William Topham

Mariana (1888),
Valentine Cameron Prinsep

<1막 2장, 106-112, 126-136>

Lucio. Why, how now, Claudio? Whence comes this restraint?
Claudio. From too much liberty, my Lucio, liberty.
As surfeit is the father of much fast,
So every scope by the immoderate use
Turns to restraint. Our natures do pursue
Like rats that ravin down their proper bane
A thirsty evil, and when we drink, we die.
. . . . .
Claudio. Thus stands it with me. Upon a true contract
I got possession of Julietta's bed –
You know the lady, she is fast my wife,
Save that we do the denunciation lack
Of outward order. This we came not to
Only for propagation of a dower
Remaining in the coffer of her friends,
From whom we thought it meet to hide our love
Till time had made them for us. But it chances
The stealth of our most mutual entertainment
With character too gross is writ on Juliet.

1. surfeit : 과식 (excessive eating)
2. scope : 자유, 방종 (freedom, licence)
3. ravin down : 게걸스럽게 삼키다
4. bane : 독 (poison)
5. fast : 분명히
6. denunciation : 공표 (public announcement)
7. propagation : 늘림, 증가 (increase)
8. dower : dowry 지참금
9. coffer : 금고
10. meet : 적당한 (proper)
11. entertainment : sexual embrace 암시

12. character too gross : 너무 크고 분명한 문자, 필적

1. **장면 설명** : 클로디오가 체포되어 끌려갈 때, 그의 친구 루시오는 놀라서 그 이유를 묻는다. 클로디오는 담담히 자유의 남용이 구속을 부르게 되었다고 답을 한다. 바로 혼전 임신 문제이다. 하지만 연이어 클로디오는 자신의 억울함을 호소한다. 그와 줄리엣은 공개적인 결혼을 하지 않았을 뿐, 약혼을 한 상태로 사실혼의 관계에 있다는 것이다. 줄리엣의 임신 때문에 두 사람의 관계가 드러나 죄인 취급당하는 것을 한탄한다.

2. 클로디오와 줄리엣이 친지들로부터 결혼지참금의 액수를 높여 받기 위해 결혼을 연기한 것에 대해 어떻게 생각하는가? 두 사람의 사랑의 본질에 결함이 있지 않은가?

3. 상기 대사는 '자유'(Liberty)와 '속박'(Restraint)이라는 인간 삶의 대립 가치의 문제를 제기한다. '자유'가 '속박'보다 우월한 가치일까?

<2막 1장, 1-31>

Angelo. We must not make a scarecrow of the law,
Setting it up to fear the birds of prey,
And let it keep one shape till custom make it
Their perch and not their terror.

Escalus. Ay, but yet
Let us be keen, and rather cut a little
Than fall and bruise to death. Alas, this gentleman
Whom I would save had a most noble father.
Let but your honour know,
Whom I believe to be most strait in virtue,
That in the working of your own affections,
Had time cohered with place, or place with wishing,
Or that the resolute acting of your blood
Could have attained th'effect of your own purpose,
Whether you had not sometime in your life
Erred in this point which now you censure him,
And pulled the law upon you.

Angelo. 'Tis one thing to be tempted, Escalus,
Another thing to fall. I not deny
The jury passing on the prisoner's life
May in the sworn twelve have a thief or two
Guiltier than him they try: what's open made to justice,
That justice seizes. What knows the laws
That thieves do pass on thieves? 'Tis very pregnant,
The jewel that we find, we stoop and take't,
Because we see it; but what we do not see
We tread upon and never think of it.
You may not so extenuate his offence
For I have had such faults; but rather tell me,
When I that censure him do so offend,
Let mine own judgement pattern out my death
And nothing come in partial. Sir, he must die.

1. fear : frighten
2. perch : 횃대
3. keen : 신중한, 용의주도한 (thoughtful, sharp)
4. fall : 넘어뜨리다 (cause to fall)
5. strait : 엄격한 (strict)
6. affections : 육체적 욕망 (physical desires)
7. blood : passion
8. effect : achievement
9. censure : 유죄판결을 내리다 (condemn)
10. passing : 선고를 내리는 (passing sentence)
11. what knows : who knows
12. pregnant : 명백한, 분명한 (obvious, clear)
13. extenuate : 경감하다 (mitigate)
14. For : Because
15. pattern out : 전례가 되다 (be a precedent for)
16. nothing come in partial : 어떠한 개인적 특혜가 부여되지 않도록 (no personal favours given)

1. **장면 설명** : 공작의 권한 대행으로 비엔나를 통치하게 된 앤젤로는 법이 허수아비가 되게 해서는 안 된다고 힘주어 주장한다. 에스칼러스는 앤젤로 자신도 클로디오의 잘못을 저지를 수 있다고 말하며 앤젤로에게 관용을 호소한다. 앤젤로는 법은 눈에 보이는 것을 심판한다고 주장하고, 자신이 클로디오와 같은 죄를 저지른다면 가차 없이 자신을 처형해달라고 요구하며 에스칼러스의 탄원을 묵살한다.

2. '정의'의 사도를 자임하고 있는 앤젤로는 독자/관객에게 어떤 모습으로 비추어지는가? 위선자인가, 혹은 신념의 인물인가?

3. 상기 대사에 비추어진 에스칼러스의 성격에 대해 논하시오.

4. 『자에는 자로』는 제목이 암시하는 것처럼 성서의 내용이 반영되어 있다. 앤젤로가 주목하는 '드러난 죄'와 성서에서 말하는 '숨겨진 죄'에 대해 논하시오. (산상수훈: 마태복음 5-7장 참조)

<2막 4장, 140-171>

Isabella. I have no tongue but one. Gentle my lord,
Let me entreat you speak the former language.
Angelo. Plainly conceive, I love you.
Isabella. My brother did love Juliet
And you tell me that he shall die for't.
Angelo. He shall not, Isabel, if you give me love.
Isabella. I know your virtue hath a licence in't
Which seems a little fouler than it is
To pluck on others.
Angelo. Believe me on mine honour,
My words express my purpose.
Isabella. Ha! Little honour to be much believed,
And most pernicious purpose. Seeming, seeming.
I will proclaim thee, Angelo, look for't.
Sign me a present pardon for my brother,
Or with an outstretched throat I'll tell the world aloud
What man thou art.
Angelo. Who will believe thee, Isabel?
My unsoiled name, th'austereness of my life,
My vouch against you, and my place i'th'state,
Will so your accusation overweigh
That you shall stifle in your own report
And smell of calumny. I have begun,
And now I give my sensual race the rein.
Fit thy consent to my sharp appetite,
Lay by all nicety and prolixious blushes
That banish what they sue for, redeem thy brother
By yielding up thy body to my will,
Or else he must not only die the death
But thy unkindness shall his death draw out
To lingering sufferance. Answer me tomorrow,
Or by th'affection that now guides me most
I'll prove a tyrant to him. As for you,

Say what you can, my false o'erweighs your true.

1. conceive : understand
2. I know . . . others : 당신은 나를 시험하기 위해 그릇되게 말하는 군요
3. pernicious : wicked
4. seeming : 위선 (hypocrisy)
5. proclaim : 비난하다 (denounce)
6. present : 즉석의 (immediate)
7. with an outstretched throat : 목청을 있는 힘껏 높여
8. vouch : 공식 증언 (formal attestation)
9. calumny : 중상모략 (false accusation)
10. give . . . rein : 나의 육체적 욕구의 고삐를 풀어놓다 (give my sensual desires free rein)
11. nicety : 수줍음 (coyness)
12. prolixious : 지나치게 많은 (over-abundant)
13. will : 정욕 (lust)
14. draw . . . sufferance: 가중된 고문으로 그의 죽음을 질질 끌다
15. affection : 열정 (passion)
16. tyrant : 극도로 잔인한 (extremely cruel)

1. **장면 설명** : 앤젤로가 이사벨라에게 사랑을 고백하자, 이사벨라는 그의 위선을 비난한다. 앤젤로는 클로디오를 구하기위해서는 이사벨라가 자신에게 몸을 맡겨야 된다고 말함으로써 그의 시커먼 속내를 드러낸다. 또한 지위와 명예 때문에 그의 허위가 이사벨라의 진실을 압도할 것이라는 말을 한다.

2. 인간이 만든 '법'과 '정의'에 대해 논하시오. 그 잣대는 공평무사한가?

3. 상기 대사를 문학의 대주제인 '겉모습'(Appearance)과 '실체'(Reality)의 시각에서 논하시오.

<3막 1장, 5-19, 39-43>

Duke. Be absolute for death: either death or life
Shall thereby be the sweeter. Reason thus with life:
If I do lose thee I do lose a thing
That none but fools would keep; a breath thou art,
Servile to all the skyey influences
That dost this habitation where thou keepst
Hourly afflict. Merely, thou art death's fool,
For him thou labour'st by thy flight to shun
And yet runn'st toward him still. Thou art not noble,
For all th'accommodations that thou bear'st
Are nursed by baseness; thou'rt by no means valiant,
For thou dost fear the soft and tender fork
Of a poor worm. Thy best of rest is sleep,
And that thou oft provok'st, yet grossly fear'st
Thy death, which is no more.
. . . . .
Yet in this life
Lie hid moe thousand deaths; yet death we fear
That makes these odds all even.
Claudio. I humbly thank you.
To sue to live, I find I seek to die,
And seeking death, find life: let it come on.

---

1. absolute : 확고한, 단호한 (resolved)
2. Servile : 종속하는 (Subject)
3. skyey influences : 별의 영향 (influence of the stars)
4. habitation : 거처, 육체
5. keepst : 살다, 거주하다 (dwell)
6. Merely : 정말로, 절대석으로 (Absolutely)
7. accommodations : 편의, 자산 (advantages, endowments)
8. fork of a poor worm : 뱀의 갈라진 혀 (forked tongue of a snake)

9. provok'st : 불러내다, 청하다 (invoke, summon)
10. no more : 잠자는 것에 불과한 (no worse than sleep)
11. moe thousand : a thousand more
12. To sue . . . find life : 마태복음 16장 25절, 10장 39절 참조

1. **장면 설명** : 수도승으로 변장한 공작이 죽음을 눈앞에 둔 클로디오에게 소위 "죽을 결심을 하라"(Be absolute for death) 제목의 설교를 한다.

2. 삶의 헛됨을 설파하는 공작의 설교는 육체의 약함에 치우쳐있고 영적인 측면을 배제하고 있다는 주장에 대해 어떻게 생각하는가? 기독교 신앙과 비교하여 논의하라.

3. 죽음을 잠자는 것에 비유하는 것은 『햄릿』(*Hamlet*) 3막 1장에도 잘 나와 있다. 비교 검토하라.

4. 셰익스피어는 소넷 146번에서 죽음을 고단한 영혼에 주는 위안으로 묘사하고 있다. 비교 논의하라.

<5막 1장, 393-409, 436-447>

Duke. For this new-married man approaching here,
Whose salt imagination yet hath wronged
Your well-defended honour, you must pardon
For Mariana's sake. But as he adjudged your brother,
Being criminal in double violation
Of sacred chastity and of promise-breach
Thereon dependent for your brothers life,
The very mercy of the law cries out
Most audible, even from his proper tongue:
An Angelo for Claudio, death for death;
Haste still pays haste, and leisure answers leisure;
Like doth quit like, and measure still for measure.
Then, Angelo, thy fault's thus manifested
Which, though thou wouldst deny, denies thee vantage.
We do condemn thee to the very block
Where Claudio stooped to death, and with like haste.
Away with him.

. . . . .

Isabella. [*Kneeling*] Most bounteous sir,
Look if it please you on this man condemned
As if my brother lived. I partly think
A due sincerity governed his deeds
Till he did look on me. Since it is so,
Let him not die. My brother had but justice,
In that he did the thing for which he died.
For Angelo,
His act did not o'ertake his bad intent,
And must be buried but as an intent
That perished by the way. Thoughts are no subjects,
Intents but merely thoughts.

1. this new-married man : 마리아나와 지금 막 결혼한 앤젤로
2. salt : 음탕한 (lecherous)
3. adjudged: condemned
4. in double violation . . . life : 앤젤로는 신성한 정조를 유린하고, 그 유린의 대가로 클로디오의 목숨을 살려주기로 한 약속을 파기했다
5. audible : 큰, 큰소리로 (loud)
6. An Angelo . . . measure : 표현의 기본 구조는 성서에서 유래; 창세기 9장 6절, 레위기 24장 17-20절 참조
7. pays : 갚다 (recompenses)
8. quit: repay
9. manifested : 명백해졌다 (made clear)
10. denies thee vantage : 너는 어떠한 용서도 받지 못할 것이다
11. block : 단두대
12. subjects : 실제 존재하는 것 (real existing things)

1. **장면 설명** : 공작은 앤젤로와 마리아나를 결혼시키고 난 후 앤젤로의 죄를 문책한다. 앤젤로가 이사벨라의 정조를 유린했을 뿐 아니라 그 대가로 클로디오를 풀어주겠다는 약속을 파기하고 사형에 처한 이중의 범죄를 지적하면서, 공작은 앤젤로에게 클로디오와 똑같은 단두대 처형을 선고한다. 이사벨라는 마리아나의 부탁을 받고 공작에게 앤젤로의 죄 사면을 간청한다.

2. 공작이 이사벨라에게 그녀의 정조를 더럽히려 했던 앤젤로의 죄를 용서해달라고 한 연후에 정작 본인은 앤젤로에게 추상같은 선고를 내리는 이유는 무엇일까?

3. 공작의 선고는 작품의 제목『자에는 자로』에 바탕을 두고 있다. 성서의 내용과 비교하면서 과연 '정의'(Justice)가 무엇인지 생각해 보자.

4. 이사벨라가 앤젤로를 위해 공작의 용서를 구하는 장면에서 그녀의 인식 변화가 있는가?

5. 이사벨라의 앤젤로 변호는 논리적 모순을 갖고 있다. 그것을 지적해보라.

<5막 1장, 483-496, 510-515>

Duke. [*To Isabella*] If he be like your brother, for his sake
Is he pardoned, and for your lovely sake
Give me your hand, and say you will be mine,
He is my brother too. But fitter time for that.
By this Lord Angelo perceives he's safe;
Methinks I see a quick'ning in his eye.
Well, Angelo, your evil quits you well.
Look that you love your wife: her worth, worth yours.
I find an apt remission in myself;
And yet here's one in place I cannot pardon,
[*To Lucio*] You, sirrah, that knew me for a fool, a coward,
One all of luxury, an ass, a madman:
Wherein have I so deserved of you
That you extol me thus?
. . . . .
Duke. Upon mine honour, thou shalt marry her.
Thy slanders I forgive, and therewithal
Remit thy other forfeits: take him to prison,
And see our pleasure herein executed.
Lucio. Marrying a punk, my lord, is pressing to death,
whipping, and hanging!

---

1. her worth, worth yours : 그녀는 당신 못지않은 가치와 신분을 갖고 있소 (she and you are of equal value and status)
2. apt remission : 기꺼운 용서 (willing forgiveness)
3. in place : 가까이에 (at hand)
4. luxury : 음탕 (lecherousness)
5. therewithal : therewith
6. execute : 실행하다 (carry out)
7. punk : 매춘부 (prostitute)
8. pressing to death, whipping, and hanging : 압사형, 태형, 그리고 교수형

1. **장면 설명** : 클로디오가 아직 살아있음이 드러나고, 공작은 클로디오와 더불어 앤젤로를 용서한다. 공작은 또한 이사벨라에게 청혼을 한다. 공작은 자신을 터무니없이 비방한 죄로 루시오에게 그의 아이를 임신을 한 매춘부와 결혼하라고 명령한다. 루시오는 불만을 토로한다.

2. 공작은 클로디오가 살아있다는 사실을 알리는 기회를 이용해 이사벨라에게 느닷없는 구혼을 한다. 그의 구혼은 일종의 강압이 아닌가?

3. 공작이 루시오에게 내린 판결은 공정한 것인가?

4. 상기 장면은 소위 '희극적 해결'(comic resolution) 장면이다. 그런데 공작이 갈등을 마무리하는데 루시오를 제외한 등장인물들은 침묵을 지키고 있다. 재회와 사면 그리고 결혼을 통한 기쁨이 표출되지 않고 있다. 침묵의 의미에 대해 논의하라.

5. 공작과 등장인물과의 관계를 하나님(God)과 인간과의 관계로 바라보는 학자/비평가가 있다. 동의하는가, 동의하지 않는가? 근거를 대며 논의하라.

The Tempest

The Tempest, William Hogarth

Miranda, John William Waterhose

<1막 2장, 66-78, 107-116>

Prospero. My brother and thy uncle, called Antonio –
I pray thee mark me, that a brother should
Be so perfidious – he, whom next thyself
Of all the world I loved, and to him put
The manage of my state, as at that time
Through all the signories it was the first,
And Prospero the prime duke, being so reputed
In dignity, and for the liberal arts
Without a parallel; those being all my study,
The government I cast upon my brother,
And to my state grew stranger, being transported
And rapt in secret studies. Thy false uncle –
Dost thou attend me? –

Miranda. Sir, most heedfully.

. . . . .

Prospero. To have no screen between this part he played,
And him he played it for, he needs will be
Absolute Milan. Me, poor man, my library
Was dukedom large enough. Of temporal royalties
He thinks me now incapable; confederates –
So dry he was for sway – wi'th'King of Naples
To give him annual tribute, do him homage,
Subject his coronet to his crown, and bend
The dukedom yet unbowed – alas, poor Milan –
To most ignoble stooping.

1. perfidious : 배반하는, 딴 마음을 먹은 (treacherous)
2. manage : 통치, 지배 (administration)
3. signories : 영지, 영토 (lordships, territories)

4. prime : 서열 1위의 (senior, highest in rank)
5. state : 공작령 (dukedom)
6. transported / And rapt in : 매료되다 (enchanted by)
7. secret studies : 몰래하는 연구, 혹은 마법에 관한 연구
8. Absolute Milan : 실제 공작 (the real duke)
9. Me : For me
10. temporal royalties: 속세의 권력 (worldly power)
11. confederates: 조약을 맺다 (makes a treaty with)
12. So dry . . . sway : 권력을 너무 탐하여 (so eager for power)
13. Subject . . . crown : 공작령(coronet)을 왕(crown)의 지배하에 놓다
14. yet: 지금까지

1. **장면 설명** : 프로스페로는 이제 성장한 딸 미란다에게 어떻게 두 부녀가 섬에 와서 살게 되었는지를 설명한다. 그는 한 때 밀라노의 공작이었지만 학문에 몰두하느라 나랏일을 동생 안토니오에게 맡겼다. 그런데 야심찬 안토니오가 밀라노의 진정한 주인이 되기 위해 나폴리 왕과 비굴한 조약을 맺고 프로스페로와 미란다를 추방했다는 것이다.

2. 프로스페로가 과거에 무슨 일이 있었는지 처음으로 미란다에게 말해주는 이 장면은 그의 격한 감정과 회한이 고통이 묻어 있다. 대사에서 실제로 어떻게 표현되고 있는지 살펴보라.

3. 프로스페로는 미란다가 자신의 이야기를 경청하고 있는지를 상기 대사 외에서도 그녀에게 자꾸 확인한다. 그 이유에 대해 말해보라.

4. 프로스페로가 동생 안토니오에게 권력을 빼앗긴 것이 전적으로 안토니오의 악행에 기인하는가? 프로스페로의 책임은 없는가? 통치자의 자격에 대해 논의해보자.

<1막 2장, 332-349, 363-365>

Caliban. This island's mine by Sycorax my mother,
Which thou tak'st from me. When thou cam'st first
Thou strok'st me and made much of me; wouldst give me
Water with berries in't, and teach me how
To name the bigger light, and how the less,
That burn by day and night. And then I loved thee
And showed thee all the qualities o'th'isle,
The fresh springs, brine-pits, barren place and fertile –
Cursèd be I that did so! All the charms
Of Sycorax – toads, beetles, bats – light on you!
For I am all the subjects that you have,
Which first was mine own king; and here you sty me
In this hard rock, whiles you do keep from me
The rest o'th'island.

Prospero. Thou most lying slave,
Whom stripes may move, not kindness! I have used thee,
Filth as thou art, with humane care, and lodged thee
In mine own cell, till thou didst seek to violate
The honour of my child.

. . . . .

Caliban. You taught me language, and my profit on't
Is, I know how to curse. The red plague rid you
For learning me your language!

---

1. the bigger . . . the less : 해와 달 (창세기 1장 16절 참조)
2. brine-pits : 소금물 구덩이 (캘리밴은 프로스페로에게 유용한 자원과 무용한 자원 구별법을 가르쳐주었다)
3. charms : 주문, 마법 (spells)
4. light : 떨어지다, 임하다 (fall, descend)
5. sty me : 나를 돼지처럼 가두어 두다 (imprison me like a pig)
6. stripes : 채찍질, 매질 (lashes)

7. violate / The honour : 'rape'을 의미
8. You taught . . . curse : 야고보서 (James) 3장 8절-10절 참조
9. red plague : 역병으로 인한 붉은 상처 혹은 발진티푸스 (typhus)
10. rid : destroy
11. learning : teaching

---

1. **장면 설명** : 캘리밴이 섬의 원주인은 어머니 시코락스의 상속자인 자신이라고 프로스페로에게 항변한다. 그런데 프로스페로가 섬을 자신에게서 빼앗고 자신을 노예로 삼았다는 것이다. 프로스페로는 캘리밴을 거짓말쟁이라고 비난하면서 캘리밴이 자신의 딸 미란다를 겁탈하려고 한 사실을 들어 그의 야수성을 공격한다. 캘리밴은 프로스페로와 미란다에게서 배운 말로 그들을 저주한다.

2. 엘리자베스 시대 사람들은 캘리밴이 인간의 사회질서와 인간의 내면의 질서를 위협하는 악의 요소로 파악한다. 동의하는가?

3. 상기 대사에서 누가 피해자(victim)이고 누가 가해자(victimizer)인가를 논의해보라.

4. '탈식민주의'(Postcolonialism)란 말이 있다. 그 기본개념을 정리해 보고 그 관점에서 상기 대사를 논하시오.

<3막 1장, 61-93>

Ferdinand. I am in my condition
A prince, Miranda; I do think a king –
I would not so – and would no more endure
This wooden slavery than to suffer
The flesh-fly blow my mouth. Hear my soul speak.
The very instant that I saw you, did
My heart fly to your service, there resides
To make me slave to it, and for your sake
Am I this patient log-man.
Miranda. Do you love me?
Ferdinand. O heaven, O earth, bear witness to this sound,
And crown what I profess with kind event
If I speak true; if hollowly, invert
What best is boded me to mischief. I,
Beyond all limit of what else i'th'world,
Do love, prize, honour you.
Miranda. I am a fool
To weep at what I'm glad of.
Prospero. [*Aside*] Fair encounter
Of two most rare affections. Heavens rain grace
On that which breeds between 'em.
Ferdinand. Wherefore weep you?
Miranda. At mine unworthiness, that dare not offer
What I desire to give, and much less take
What I shall die to want. But this is trifling,
And all the more it seeks to hide itself
The bigger bulk it shows. Hence, bashful cunning,
And prompt me, plain and holy innocence.
I am your wife, if you will marry me;
If not, I'll die your maid. To be your fellow
You may deny me, but I'll be your servant
Whether you will or no.

Ferdinand. [*Kneeling*] My mistress, dearest,
And I thus humble ever.
Miranda. My husband then?
Ferdinand. Aye, with a heart as willing
As bondage e'er of freedom. Here's my hand.
Miranda. And mine, with my heart in't; and now farewell
Till half an hour hence.
Ferdinand. A thousand thousand.

1. condition : 지위
2. I would not so : 그렇게 되기를 바라지 않다
3. flesh-fly : 쉬파리 (죽은 동물의 몸에 알을 낳는 파리)
4. blow : 더럽히다 (foul, sully)
5. sound : 말, 언급 (utterance)
6. kind event : 행복한 결과 (happy outcome)
7. hollowly : 거짓으로, 불성실하게 (insincerely)
8. invert . . . mischief : 내게 예정되었던 행운을 불행으로 바꾸다
9. what else : whatsoever else
10. prize : 소중히 하다 (value, esteem)
11. that . . . 'em : 프로스페로는 두 사람 사이의 애정의 성숙을 언급하고, 더 나아가 두 사람 사이에서 태어날 아이를 고대하고 있다
12. dare not . . . to give : 미란다는 그녀의 "보잘것없음"(unworthiness)이 자신을 퍼디난드에게 바치는 것을 방해한다고 느끼고 있다
13. trifling : 말장난하는 (playing with words)
14. maid : 처녀 (virgin), 하인 (servant)
15. fellow : 아내 (wife), 친구 (companion)
16. thus humble: 퍼디난드가 지금 무릎을 꿇고 있음을 드러낸다.
17. with a heart . . . freedom : 노예가 자유를 간절히 바라는 마음으로
18. A thousand thousand : A million farewells

1. **장면 설명** : 퍼디난드가 미란다에게 자신의 신분을 밝히면서 그녀에 대한 사랑 때문에 통나무를 나르는 고역을 참고 견디고 있다고 고백한다. 미란다는 기쁨에 겨워 눈물을 흘리고 지켜보던 프로스

페로는 두 사람의 만남을 축복한다. 미란다는 퍼디난드와 결혼하고 싶다고 말하고 퍼디난드도 기꺼이 그 제안을 수용한다.

2. 이 장면은 원수의 집안의 아들과 딸이 사랑으로 맺어지는 모습을 보여준다. 피해자(victim)의 면모를 갖고 있는 프로스페로의 심리 상태에 대해 말해보라.

3. 사랑은 자신을 낮추고 상대를 높이는 결과를 가져온다. 퍼디난드와 미란다는 각각 어떤 모습을 연출하는가?

4. 사랑은 서로에 대한 자발적인 봉사(willing service)를 유발한다. 그것의 유무가 하인(servant)과 노예(slave)의 차이를 만들어낸다. 프로스페로를 섬기는데 있어서 캘리밴은 프로스페로의 마법의 힘 때문에 굴종하는 노예의 모습을 보이지만, 에어리얼은 프로스페로를 자발적인 봉사로 섬김으로써 자유인의 모습을 보인다. 사랑하는 사람들은 서로에게 노예인가, 하인인가? 퍼디난드와 미란다의 마음을 이 시각에서 반추해보라.

<5막 1장, 1－32>

Prospero. Now does my project gather to a head.
My charms crack not, my spirits obey, and Time
Goes upright with his carriage. How's the day?
Ariel. On the sixth hour; at which time, my lord,
You said our work should cease.
Prospero. I did say so,
When first I raised the tempest. Say, my spirit,
How fares the king and's followers?
Ariel. Confined together
In the same fashion as you gave in charge,
Just as you left them; all prisoners, sir,
In the line-grove which weather-fends your cell;
They cannot budge till your release. The king,
His brother, and yours, abide all three distracted,
And the remainder mourning over them,
Brim full of sorrow and dismay; but chiefly
Him that you termed, sir, the good old lord Gonzalo.
His tears runs down his beard like winter's drops
From eaves of reeds. Your charm so strongly works 'em
That if you now beheld them, your affections
Would become tender.
Prospero. Dost thou think so, spirit?
Ariel. Mine would, sir, were I human.
Prospero. And mine shall.
Hast thou, which art but air, a touch, a feeling
Of their afflictions, and shall not myself,
One of their kind, that relish all as sharply
Passion as they, be kindlier moved than thou art?
Though with their high wrongs I am struck to th'quick,
Yet, with my nobler reason 'gainst my fury
Do I take part. The rarer action is
In virtue, than in vengeance. They being penitent,

The sole drift of my purpose doth extend
Not a frown further. Go, release them, Ariel.
My charms I'll break, their senses I'll restore,
And they shall be themselves.

Ariel. I'll fetch them, sir.

---

1. project : 계획 (plan)
2. gather to a head : 정점에 다다르다 (come to a climax)
3. crack : 효력이 상실되다, 실패하다 (collapse, fail)
4. Time . . . carriage : 시간이 짐을 싣지 않고 쉽게 나아가다 (time moves easily, free of burdens)
5. How's the day? : What's the time?
6. as you gave in charge : 당신이 명령하신 대로
7. line-grove : 보리수 숲
8. weather-fends : 비바람을 막아주는 역할을 하다
9. abide . . . distracted : are all mad
10. Brim full : 넘칠 듯한
11. eaves of reeds : 초가지붕 (thatched roofs)
12. affections : feelings
13. kindlier : 더 인간적으로 (more humanly), 더 관대하게 (more generously)
14. high wrongs : 중범죄
15. th'quick : 가장 민감한 곳, 아픈 곳
16. sole drift : 유일한 목적 (single aim)

---

1. **장면 설명** : 프로스페로는 자신의 계획의 성공을 예견한다. 에어리얼은 프로스페로에게 알론조 왕과 일행들이 보리수 숲에 갇혀 있고, 왕과 왕의 동생 세바스찬 그리고 프로스페로의 동생 안토니오가 실성해 있을 뿐 아니라 나머지 사람들도 슬픔과 낙담에 빠져 우왕좌왕하고 있다고 보고하면서, 그들에 대한 동정심을 표한다. 에어리얼의 말에 감동을 받은 프로스페로는 자신에게 중범죄를 저지른 무리에 대한 분노를 누르고, 숭고한 이성에 따라 자비가 복

수보다 더 가치 있는 행동임을 밝히면서 그들을 마법에서 풀어준다.

2. 알론조 왕과 일행들이 프로스페로의 마법에 걸려 보리수 숲에 감금되어 있다. 그 상황을 머릿속에 그려볼 수 있는가? 그 그림을 말로 풀어 설명하라.

3. 에어리얼은 어떤 성격의 요정인가? 에어리얼이 암시하고 있는 바는 무엇인가?

4. 프로스페로의 용서가 이 시점에서 갑자기 이루어지는가, 혹은 이전에 세운 그의 계획에 포함된 것인가?

5. '정의'(Justice)와 '자비'(Mercy)에 대해 논하라. 『베니스의 상인』(*The Merchant of Venice*)에서 포샤(Portia)가 재판정에서 했던 그 유명한 연설 (4막 1장, 180-201)을 참고하라.

토론 주제와 질문들

비극을 위한 토론 주제들

1. Identify the climactic moment of the play's action and point out three or four earlier moments in the play that help build the intensity of climax. What do you personally feel at each of these moments? Why? If you were the protagonist(s), how would your feelings, thoughts, and actions at the climactic moment(s) differ from those which the actual protagonist manifests? Why?

2. What elements does the playwright weave into the developing action of the play to give the world of the play a universal and archetypal dimension? What elements suggest that the playwright is addressing himself to a particular social, cultural, or historical conflict or problem of the time and place in which the play was written?

3. What attitudes toward human existence and human social intercourse does the protagonist have? What attitude toward the protagonist and his attitude does the play arouse in the audience at the climax? Are your own personal attitudes toward human life compatible with those of the protagonist? Can you find such people around you in modern society?
4. What is the main dramatic conflict of the play? Is it mainly external or internal?

5. Describe the character of the protagonist. What is the explicit object of concern of the protagonist? Who is the antagonist? What is his dramatic function in the play?

6. Do you feel pity or tragic fear at the climactic moments? Why? or Why not? Does the resolution of the play arouse a sense of order, completeness, satisfaction? Or of incompleteness?

7. Do you find the play worthwhile? Why, or why not? Would you recommend it to a friend? Why or why not?

비극과 희극을 포함한 드라마 작품을 위한 토론 주제

1. Structure
- When does the point of attack(inciting incident) take place?
- Is the structure in Aristotle's terms (Chapter 10, 11) "simple" or "complex" (with recognition and reversal)?
- Is the structure tightly architectural or loosely episodic?
- Are the Neo-classical unities of action, time, and place maintained?

2. Character
- How many are on the stage at one time?
- How are the main characters related to each other?
- Describe the character of the protagonist.
- Is there any development of the characters?

3. Thought
- What is the explicit of concern of the protagonist? Of the other main characters?–What motivation do these characters have?
- What attitudes do each have to the things that concern them?
- What attitudes and concerns are implicit in the evolution of the action of the play as a whole?
- About man and human condition
- About fate, God, or the gods, society, or the forces acting upon the characters.

- About time. Is the time linear, cyclic, absolute, or clock time?

4. Diction
- Is the language realistic or poetic?
- Are images primarily verbal or theatrical?

5. Music
- Does the playwright make use of music? Or of silence?

6. Spectacle
- Does the playwright depend primarily on structure, primarily on spectacle, or equally on structure and spectacle to create his effect?
- Does he use dance?
- Does he use actor's facial expressions to convey meaning or feeling?

7. Effect of the play on the audience

- Does the playwright seek to arouse pity and fear?
- Do you yourself feel pity for the protagonist? Fear? Some other emotion?
- Does he seek purgation of emotion (catharsis)?
- Does he seek to teach an idea or attitude (didactic)?

강 석 주

서강대학교 영어영문학과를 졸업하고 동 대학원에서 영문학 석·박사 학위(셰익스피어 전공)를 취득하였다. 영국 케임브리지 대학 셰익스피어 세미나 과정을 이수하였으며, 현재 목포대학교 영어영문학과 교수로 재직하고 있다. 한국셰익스피어학회, 고전르네상스영문학회, 21세기영어영문학회에서 섭외이사, 편집이사로 활동 중이며, 저서로는『셰익스피어의 문학 세계』,『무대 위의 삶, 사랑, 그리고 죽음』,『셰익스피어 연극사전』(공저),『셰익스피어 문학의 현대적 의미』, 등이 있고, 역서로는『탬벌레인 대왕, 파우스투스 박사, 몰타의 유대인』,『볼포네』(공역),『말피공작부인』(공역) 등이 있으며, "르네상스 광기 담론"을 비롯한 다수의 논문이 있다.

이 용 관

서강대학교 영어영문학과를 졸업하고 서강대학교 대학원에서 영문학 석사학위를 받았으며 경희대학교 대학원에서 영문학 박사학위를 받았다. 현재 수원대학교 영어영문학과 교수 및 LAB실장으로 재직하고 있다. 한국현대영미드라마학회 연구이사, 한국셰익스피어학회 총무이사 등을 역임하였다. 저서로는『셰익스피어 희극 읽기 그리고 거스르기』(단독)와『셰익스피어 연극 사전』(공저)이 있으며, "*Hedda Gabler*의 서브텍스트: 무대 뒤의 인물들을 중심으로"를 비롯한 다수의 논문이 있다.

셰익스피어 읽기

1판 1쇄 찍음 • 2009년 2월 20일
1판 2쇄 펴냄 • 2010년 2 월 10일

지은이 • 강 석 주 · 이 용 관
발행인 • 정 현 걸
발 행 • 신 아 사
인 쇄 • 예지인쇄

출판등록 • 1956년 1월 5일 (제9-52호
서울특별시 은평구 녹번동 28-36 2F
전화 02.382.6411 • 팩스 02.382.6401
홈페이지 • www.shinasa.co.kr
이메일 • shinasa@chol.com

ISBN 978-89-8396-628-5

정가 **10,000** 원

www.shinasa.co.kr

ISBN 978-89-8396-628-5